Anselm Feuerbach

Ein Vermächtnis

CLASSIC PAGES

Feuerbach, Anselm

Ein Vermächtnis

Reihe: *classic pages*

ISBN: 978-3-86741-595-8

Auflage: 1

Erscheinungsjahr: 2010

Erscheinungsort: Bremen, Deutschland

© Europäischer Hochschulverlag GmbH & Co KG, Fahrenheitstr. 1, 28359 Bremen (www.eh-verlag.de). Alle Rechte beim Verlag und bei den jeweiligen Lizenzgebern.

Anselm Feuerbach

Ein Vermächtnis

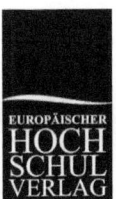

Inhaltsverzeichnis

Vorwort	1
Erinnerungen aus der Kindheit	2
Düsseldorf	12
Briefauszüge	14
München	20
Briefauszüge	23
An den Vater	24
Antwerpen	28
Briefauszüge	29
Paris	31
Briefauszüge	34
Karlsruhe	39
Venedig	44
Ein Reisebrief	44
Toblino	47
Briefauszüge	51
Florenz	55
Briefauszüge	56
Rom	60
Briefauszüge	72
Dante	72
Ein Erinnerungsblatt	76
Erste Iphigenie. Pietà	80
Die Bilder für die Galerie des Herrn Grafen v. Schack	82
Erstes Gastmahl. Zweite Iphigenie. Orpheus	85
Medea. Urteil des Paris	88
Amazonenschlacht. Zweites Gastmahl	91
Wien	94
Briefauszüge 1873–1876	100

Die Weltausstellung betreffend	100
Selbstkritik	101
Ausstellung der Amazonenschlacht im Künstlerhause	102
Beschreibung des Mittelbildes: Sieg der Kultur über die rohen Naturkräfte	103
Zwei Briefe aus Rom	104
Nürnberg	**107**
Briefauszüge 1876–1878	108
Die Ausstellung in München	108
Das Konzert	110
Letzte römische Reise	110
Beschreibung des Ateliers	114
Letzte Aufzeichnung	114
Anhang	**116**
Einleitung	116
Künstlerisches	116
Kolorit und Illumination	116
Tiepolo	117
Paul Veronese	118
Titian	119
Historie und Genre	119
Monumental und Dekorativ	121
Theaterempfindung in der Kunst	121
Accessoirmalerei	122
Industriekultus als Beförderer der Kleinkunst	122
Realistische Kleinkunst	123
Originalitätssucht aus Mangel an Schule	123
Die Akademien	124
Zur Betrachtung eines Kunstwerkes	124
Kunstausstellungen	125
Die Kunstvereine	125

Kunstkritik	126
Die Deutschen in Rom	127
Vermischtes	129
Lebensregeln	129
Hohe Häupter	130
Kunst und Wissenschaft	130
Künstlerrecht	130
Poetisches Taktgefühl	131
Dichter und Künstler.	131
Dramatisches	131
Frauen	132
Göttliche Hilfe	133
Humor	133

Vorwort

Gegenwärtiger Bruchteil aus meinem Leben ist im Frühling 1876 nach schwerer Krankheit in der Rekonvaleszenz geschrieben.

Den Wenigen, welche sich die Mühe gegeben, meiner künstlerischen Entwicklung einige Aufmerksamkeit zu schenken, werden diese Zeilen vielleicht nicht uninteressant sein.

Sollten sie dazu dienen, hie und da eine Seele für das Verständnis meiner Werke zu erwecken, so wäre alles erreicht, was ich zu wünschen habe.

Nürnberg 1878

Anselm Feuerbach

Erinnerungen aus der Kindheit

Meine Geburt, welche den so und so vielten in Speyer erfolgte, ist, wie mir scheinen will, für mich als ein vierfaches Unglück zu betrachten. Einmal, dass ich überhaupt geboren wurde und als wahrhaftige Künstlerseele das Licht der Welt erblickte; dann aber, weil mein Vater ein deutscher Professor war, dessen Sinn und Geist damals ein klassisches Kunstwerk erfüllte, über welches er seinerseits ein klassisches Buch schrieb; ich meine den »Vatikanischen Apollo«. So wurde mir recht eigentlich die Klassizität mit der Muttermilch eingetränkt; eine Klassizität, auf menschlich Wahres und Großes gerichtet, die denn auch nicht verfehlte, mein Leben zu einem hoffnungslosen Kampfe gegen meine Zeit zu gestalten.

Meine Mutter, eine schöne, stille Frau, starb bald nach meiner Geburt. Dieser frühe Tod wirkte schlimm auf meinen Vater, der ohnehin von Jugend an eine krankhafte Neigung zur Selbstquälerei zeigte und fortan lebenslang einer Art von Gemütskrankheit unterworfen blieb.

Meine um zwei Jahre ältere Schwester und ich wurden zu den Verwandten meiner Mutter nach Ansbach gebracht, wo zugleich der Großvater Feuerbach als Appellationsgerichtspräsident seinen Wohnsitz hatte. Wir genossen der zärtlichsten Pflege und einer fast übertriebenen Fürsorge, sodass wir aus Furcht vor Erkältung kaum im Sommer aus den Winterkleidern kamen.

Von unserer blinden Großmutter und einer unendlich gütigen und liebevollen Tante hat mein Gedächtnis nur schattenhafte Umrisse aufbewahrt, und es sind mir aus dieser frühen Zeit nur wenige deutliche Erinnerungen übrig geblieben. Zu den frühesten gehört die Ermordung des Kaspar Hauser, infolge deren ich aus Leibeskräften schrie, weil ich meine Schwester heftig weinen sah. Dann gedenke ich eines verwilderten Gartens, in welchen ich zur Dämmerungszeit aus dem Fenster unseres dunklen Zimmers hinabsah, und in dessen Wegen unsere ältere Cousine, eine Bohnenstange als Lanze schwingend, mit aufgelöstem Haar herumraste. Es gefiel mir dies außerordentlich.

Die Erinnerungen an das Feuerbachsche Haus sind etwas lebhafter. Die Schönheit der Großmutter Feuerbach fiel mir bald auf. Dann ist mir ein Familiendiner im Gedächtnis und das erste Gemälde, welches ich sah, eine schöne Dame in rotem Samt, das Porträt der Herzogin Dorothea von Kurland, gemalt von Gerard. Noch erinnere ich mich einer Geburtstagsfeier in Großvaters Studierzimmer, wobei wir Kinder eine pyramidal sich verjüngende Riesentorte überreichten. Trotz der Kürze dieser Audienz bewunderte ich einen enormen Globus, welchen ich einmal herumdrehen durfte, und auf dem viel Geschriebenes stand.

Dann sind wir wieder in Speyer, und eine neue Mutter ist mit uns. Grenzenloses Mitleid mag unsere zweite Mutter zu diesem gesegneten Entschluss veranlasst haben.

Später erfolgte unsere Übersiedlung nach Freiburg in Baden, und der schöne Schwarzwald mit seinen Felsenschluchten und stürzenden Bächen ist von da an neun Jahre lang der Hintergrund meines kindlichen Denkens und Empfindens geworden. [1]

Im siebenten Jahre war ich todkrank an Typhus. Deutlich gedenke ich jener Nacht, in welcher ich zwei ernste Männer um mich beschäftigt sah, und jener anderen, in der ich zum ersten Male wieder sprach und meine Stimme mir fremd vorkam. Während der Rekonvaleszenz soll ich bedeutende Bösartigkeit entwickelt haben, was sonst meine Sache nicht war.

Zu jener Zeit war es auch, dass mein Vater täglich eine Stunde an meinem Bette saß und mir in seiner plastisch weichen Art die Odyssee erzählte. Vor mir lagen dann immer die Flaxmanschen Blätter. Die Erzählung hatte mir einen bleibenden Eindruck hinterlassen, sodass ich das Griechische später mit Leidenschaft und Glück im Gymnasium erlernte und selbst die trockene akademische Behandlung des Stoffes meine Begeisterung nicht zu schwächen vermochte, während ich mich schwer entschließen konnte, den Julius Cäsar für einen großen Mann zu halten; so sehr missfiel mir sein Latein.

---

[1] Anselm Feuerbachs Vater wurde im Jahre 1836 als Professor der Altertumskunde an die Universität Freiburg in Baden berufen.

Einer der beiden vorhin erwähnten Ärzte war Medizinalrat Professor Schwörer. Da derselbe als roter Faden durch meine Knabenzeit geht, so widme ich ihm ein eigenes Kapitel.

Medizinalrat Schwörer war der Jugendfreund meines auf tragische Weise früh untergegangenen Onkels, des geistvollen Mathematikers Karl Feuerbach.[2] Mit wehmütigem Behagen erzählte Schwörer von seinen Erlebnissen mit Onkel Karl, welch verwegener Hitzkopf er gewesen sei, wie ihn jede Gefahr unwiderstehlich lockte, und wie es für seine Einfälle und Launen keine Grenze gab. Auf dem Spaziergang sprang er plötzlich in den Bach, um sich vom Mühlenrad umtreiben zulassen; dann waren sie auf der Vogeljagd mit Doppelflinten, und Schwörer stellte sich, nachdem er meinen Onkel wegen seines schlechten Treffens geneckt, wenige Schritte entfernt von ihm auf, in der nicht sehr ästhetischen Position, welche eine schöne Gegend von unten betrachtet in erhöhtem Reiz erscheinen lässt. Diesmal galt es aber Ernst. Schwörer kommandierte »Feuer«, und Onkel Karl schoss ihm auch richtig die beiden Ladungen in den linken Rockflügel.

In den Jahren der Demagogenverfolgung waren die beiden Freunde als staatsgefährliche Männer eingekerkert, Onkel Karl in dem weißen Turm zu München, wo ihm zwei Selbstmordversuche missglückten, Schwörer auf der badischen Festung Kisslau, wo er sich behaglich mit Musikunterricht beschäftigte.

Noch sehe ich den korpulenten, martialisch auftretenden Mann vor mir mit seinen großen, sanften Augen, dazu das von der Studentenzeit her zerhauene Gesicht! Das Andenken an ihn wird mir immer lieb und wert bleiben. Trotz seines ultramontanen Kolorits hatte er für Natur und Kunst ein offenes Herz. Er pflegte uns meistens gegen Abend zu besuchen und oftmals sah ich ihn, nachdem er weggegangen, noch lange mit auf den

---

[2] Karl Feuerbach, eine im höchsten Grade geniale Natur und hochbegabt in seinem Fach als Mathematiker, ist der unglücklichen Demagogenverfolgung im Jahre 1824 zum Opfer gefallen. Nach zwei Selbstmordversuchen aus dem Gefängnis in München befreit, ward er in das befreundete Haus des Hofrat von Thiersch zur Pflege aufgenommen, leider zu spät. Er verfiel allmählich in unheilbare Geisteszerrüttung und starb zu Erlangen, den 12. März 1834.

Rücken gelegten Händen neben dem Garten stehen, die fernen Vogesen betrachtend, hinter welchen die Sonne unterging.

Er hatte in späteren Jahren sein Geburtshaus gekauft, in enger Straße, klein, unansehnlich. Gemalte Fensterscheiben, alte Bilder, die Wände grün umrankt, wo irgend Raum und Licht war, ein wohlgepflegtes, winziges Gärtchen, hinter welchem die nördliche Langseite des Münsters mächtig und dunkel emporstieg! Große prachtvolle Hunde begleiteten den Eintretenden freundlich aufmerksam Schritt für Schritt. Im Studierzimmer ein malerisches Durcheinander, wie ich es nie wieder im Leben gesehen: Waffen aus allen Jahrhunderten, Kupferstiche, plastische Altertümer, ausgestopfte Tiere, Pflanzen- und Steinsammlungen, dazwischen die Bibliothek auf hohen Gestellen und Dutzende von Vögeln frei herumflatternd oder in Käfigen.

Schwörer war nachts am Sterbebette meines Vaters. »Mut, Freund!« waren seine Worte, auf welche der Sterbende das letzte Zeichen des Verständnisses gab.

Schwörers Frau, schlicht und herzlich, war Freundin meiner Mutter.

Nach dem Nervenfieber litt ich einige Jahre hindurch an beinahe wöchentlich wiederkehrendem Albdruck des Nachts. Es war mir dann, als schwellten die Hände riesengroß auf. Ich trommelte auf der Bettdecke und stieß einen Schrei nach dem andern aus, dass es durch das Haus gellte; zuweilen auch sah ich große wilde Tiere, Löwen, Tiger, Wölfe, Bären lautlos und langsam durch das Zimmer schreiten, ohne dass ich daran dachte, um Hilfe zu rufen.

Noch entsinne ich mich aus jener Zeit eines hässlichen, fantastischen Traumes, welcher sich häufig wiederholte und fast immer der Vorbote eines Krankheitsanfalles war.

Da ich eben im Zuge bin, meine Jugendfährlichkeiten mitzuteilen, will ich nicht versäumen zu erwähnen, dass ich in meinem zehnten Jahre die Wahrheit des Spruches: »Spiele nicht mit Schießgewehren« an meiner eigenen Haut bestätigt finden sollte.

Im Hause nebenan hatte der mit mir fast gleich altrige Sohn eines pensionierten Majors zwei Gewehre mit Feuerschlössern, und es fehlte uns bei dem Schlusskommando »Feuer« nur das Pulver. Diesem Mangel sollte abgeholfen werden, indem ein im Hause wohnender Student, ich glaube der Sohn des Hauseigentümers, die Gewehre bisweilen zu heimlicher Vogeljagd zu benützen pflegte. Arglos nahmen wir unsere gewöhnlichen Übungen vor, und zum Abschied, in kürzester Distanz, auf der Treppe, drückte mein Freund sein Gewehr auf mich ab. Nur meiner zufälligen Stellung hatte ich es zu danken, dass der Schuss durch den rechten Arm und die linke Hand anstatt durch die Brust ging.

Im Hinstürzen hörte ich durch den Pulverdampf den Schrei: »Vater, ich habe den Feuerbach erschossen!« Nachdem ich mich aufgerafft, war es mein Erstes, den alten Herrn um Gnade für seinen Sohn zu bitten, dann taumelte ich nach Hause, um meine Eltern nicht wenig zu erschrecken. Alsbald war ich in den Händen unseres Medizinalrates; meine Mutter hielt mich fest und sprach mir zu. Ich hatte Angst feige zu werden. In der ersten Wundfiebernacht, wo ich sehr unruhig war, erzählte sie mir den Steffen Langer von der Frau Birch-Pfeiffer, was ich nie vergessen habe.

Meine Fürbitte zugunsten des Freundes Anton hat, fürchte ich, wenig Erfolg gehabt. Nachdem der Herr Major erfahren hatte, dass ich außer Gefahr sei, tat er sich eine besondere Güte. Er sagte mir später: an der Beresina sei es ihm nicht so schlimm zumute gewesen, als in jener Viertelstunde.[3]

Meine Liste ist aber noch nicht zu Ende. Nicht sehr lange nach dieser ersten Verletzung fiel ich im Hause eines anderen Bekannten bei der Verteidigung einer aus alten Kisten hoch auferbauten Ritterburg in voller pappendeckelner Rüstung vom höchsten Turm herab und brach das Schlüsselbein. In derselben Nacht reiste mein Vater nach Italien ab. Ich glaube, es war Anfang September 1839, und ich verbarg meinen Unfall, so gut ich konnte, um die Abreise nicht zu stören, was mir große Schmerzen und monatelange Unbequemlichkeit zuzog.

---

[3] Bericht des Herrn Anton Pfeiffer in der Badischen Landpost in Karlsruhe, Jahrg. 4, Nr. 16.

Diese unerfreulichen Folgen meines Heroismus haben mir das Rittertum frühe gründlich verleidet.

Meine Schwester war ein zartes Geschöpfchen, feingliedrig, voller Beweglichkeit, geistig hochbegabt, voll Witz und Fantasie und voll heißer Leidenschaftlichkeit. Von frühester Jugend ganz aufeinander angewiesen, spielten wir beide ein fantastisches Märchenleben in dem wirklichen Leben. Das Spiel dauerte vom Morgen bis zum Abend. Meine Schwester war unerschöpflich im Erfinden. Ihre poetischen Einfälle erfüllten sie ganz und gar, während ich früh nach anschaulicher Gestaltung strebte.

Es war gewiss oft verwunderlich zu sehen, wie in der ausschließenden Beschäftigung mit den seelischen Gewalten, die uns über den Kopf wuchsen, keines von uns über sich selbst hinaus so recht zu dem andern kommen konnte.

Wäre die drohende Wolke von Vaters Nervenverstimmung nicht stets über uns gestanden, so würde unsere Jugend eine sehr glückliche gewesen sein; und auch so war sie noch reich und heiter. Mein Vater hatte in seiner tiefen Liebe und in der Erinnerung an die Vergangenheit eine Art von geheiligter Rücksicht für seine Kinder; seine Reizbarkeit traf uns nie persönlich, er verbarg sie vor uns, so gut er konnte. Das Übrige ließ uns der jugendliche Leichtsinn verschmerzen.

Es gingen viele bedeutende Menschen in unserem Hause aus und ein; alles Schöne in Natur, Kunst und Leben wurde mit Interesse aufgenommen, und wir Kinder hatten unseren Anteil an dem, was vorging, da wir nie in einer Kinderstube abgesperrt waren. Es wurde auch viel gute Musik im Hause gemacht; Haydn, Mozart, Beethoven waren mir immer in den Ohren. Diese Klänge, von Kindheit an gewöhnt, waren Veranlassung, dass ich, ohne musikalisch gebildet zu sein – ich scheute das technische Lernen – gute Musik von mittelmäßiger gar wohl zu unterscheiden wusste.

Der Hass gegen alles Formlose war mir von der Natur eingepflanzt.

Was die Schule betrifft, so war ich fast immer der Erste in meiner Klasse. Die bildsame Luft im elterlichen Hause und daneben ein fortlaufender tüchtiger Privatunterricht halfen über alle Schwierigkeiten hinweg. Meinen Gymnasialprofessoren – zwei davon waren Geistliche an der Jesuitenkirche – habe ich stets ein freundliches Andenken bewahrt. Vikar Schellenberg, ein liberaler, herzensguter, vorurteilsloser Mann, gab uns höheren Religionsunterricht, d.h. Religionsgeschichte. Wir liebten ihn sehr, und nach langen Jahren, kurz vor seinem Tode, konnte ich ihm noch meinen Dank ausdrücken, dass er mich vernünftig denken gelehrt hatte.

Von meinen Privatlehrern habe ich besonders zwei im Gedächtnis behalten. Der Erste war ein armer, ruppiger Schweizer mit Namen »Gemperle«. Er verstand gut Griechisch und Latein, war aber sonst ein wunderlicher Patron. »Gegen den Tod ist kein Chrüttli gewachsen«, pflegte er zu sagen und hieb dabei mit einem gewaltigen Ziegenhainer einigen Disteln die Köpfe ab. Wir machten öfters Spaziergänge und kehrten in benachbarten Orten ein. Eines Abends wollte er durchaus in einen Hühnerstall einsteigen und, wie er sich ausdrückte, »einen Hahn mitgehen heißen«. Ich fand Gründe, ihm solch unziemliches Benehmen auszureden. Bald genug sollte er es an sich selbst erfahren, dass für den Tod kein Kraut gewachsen ist, denn er starb kurz nach seiner Rückkehr in die Schweiz.

Mein zweiter Lehrer, Herr H. Poppen, eine helle, heitere und grundtüchtige Natur, war mir zugleich Lehrer und Freund. Ich hatte ein unbegrenztes Vertrauen zu ihm, das mich nie betrogen hat. Er machte inzwischen rasche Karriere, und ich hoffe, ihn noch als Finanzminister in Karlsruhe begrüßen zu dürfen.

Den gegenwärtigen Abschnitt widme ich in behaglicher Rückschau meiner Wirksamkeit als Straßenjunge. Es war ein höchst löblicher Grundsatz meiner Eltern, mich in den Freistunden auch wirklich ganz frei zu lassen. So kam es, dass ich einer der bekanntesten Gassenbuben in unserem Revier war. Prügel hin und her, manchmal große Schlachten! Zerbrochene Fenster und Laternen bezeichneten damals meine Pfade.

Turnen, schwimmen, Schlittschuhlaufen, boxen, Rad schlagen, auf hohen Stelzen einen Walzer tanzen, oder die Waden eines harmlos Vorübergehenden mit nie fehlendem Pfeilschuss schädigen, gehörte damals zu unseren bekanntesten Belustigungen. Hohe Münster und ganze Städte aus Pappendeckel aufzubauen, liebte ich sehr. Auch Kriegsschiffe jeglicher Art und Größe, mit vollem Segel und Takelwerk, wurden ausgeführt, und auf dem Nebenarm des sogenannten Mühlenbaches war meine Flotte die stärkste und gefürchtetste. Daneben fehlte es nicht an pochenden Eisenhämmern und klappernden Mühlen. Der ganze kleine Stadtteil, »die Insel« genannt, war demnach mit Industriellem unserer Mache angefüllt; wie mich nachträglich bedünken will, nicht immer zu Nutz und Frommen der rechtmäßigen Besitzer. Ob mein Vater über diese Inselbelustigungen nach ihrem ganzen Umfang unterrichtet war, wüsste ich nicht zu sagen. Dass manche zerbrochene Scheibe im Stillen bezahlt wurde, ist zweifellos. Auch war die Hilfe meiner Mutter unentbehrlich für die Unterbringung und das Gedeihen meiner Menagerie, welche aus einem selbst aufgezogenen Turmfalken, einem zahmen Specht, einer großen Katze, einem Hasen und einigen Blindschleichen bestand, welch Letztere ich aber selbst versorgen musste.

Meine spätere dauerhafte Gesundheit kann ich nicht umhin, diesem ungebundenen Straßenleben zuzuschreiben, und ich denke auch gerne an unsere damalige Casa de Diavolo zurück.

Im Frühling 1840 kehrte mein Vater als ein ziemlich stiller Mann von Italien heim. Der geistvolle Redefluss, der ihm in seinen guten Stunden eigen war, der feine Humor, der zündende Witz, das alles schien großenteils versiegt; das Bewusstsein, die Reise zu spät gemacht zu haben, die engen, kleinen Verhältnisse der Freiburger Universität mögen neben körperlichen Leiden die Ursache dieses stetigen Gemütsdruckes gewesen sein.

Mein Vater brachte Münzen, Gipse und Stiche nach Michel Angelo mit. Diese und einige Mappen der München-Schleißheimer Galerie legten das Fundament für meine spätere künstlerische Richtung.

Vorerst waren Rubens und Van Dyck meine auserwählten Lieblinge.

Ich komme spät auf eine Frage, deren Beantwortung sicherlich schon länger erwartet wurde, und für welche das Vorhergegangene nur eben den Boden urbar machen sollte; ich meine das erste Auftreten meines künstlerischen Talentes.

Es war mir so natürlich, sowohl mit der rechten als mit der linken Hand alle irgend habhaften weißen, grauen, blauen oder gelben Papierstücke mit Kreide oder Kohle anzufüllen und in hübschen noch vorhandenen Geburtstags- und Weihnachts-Zeichenbüchern unmögliche Kompositionen zu versuchen, dass ich dies für etwas ganz Selbstverständliches hielt. Ich hatte den Kopf voller Bilder; warum sollte ich sie nicht festhalten, so gut es anging? Allerdings war von dem ersten Hasen, der die Namensunterschrift vertrat, bis zu den Germanenschlachten, welche die Übergangsperiode bildeten und jahrelang meine Fantasie erfüllten, ein bedeutender Weg.

Die erste mir selber klar in das Bewusstsein tretende künstlerische Gemütsbewegung empfand ich als unnennbare Wonne, da ich einen lebensgroßen schlafenden Barbarossa zeichnete, hinter ihm einen ernsten hoch geflügelten Engel, der mit erhobener Rechten Schweigen gebot, während ein paar kleine Genien mit Blasinstrumenten Lärm machen wollten. Die Zeichnung ist noch in meinem Besitz, da sie mir erinnerungswert erschien und ich von da an geneigt war, bis auf einen gewissen Grad den Wert meiner Arbeiten nach dem künstlerischen Glücksgefühl ihrer Entstehung zu messen.

Ich war damals zwölf Jahre alt und versuchte mich auch kühnen Mutes in der Plastik. Alle unsere Schränke waren mit meinen Lehmgeschöpfen gekrönt. In der Folge glückte mir auch hie und da eine Büste, wie ich denn in solcher Weise ein leidlich ähnliches Bildnis meines Vaters zustande brachte, welches auch wirklich in Gips gegossen wurde.

Die Urteile über meine künstlerischen Bestrebungen waren sehr verschieden. Viele unserer Freunde neigten dazu, jeden Krickel-Krackel für den Ausfluss eines Raffaelschen Genies zu halten, besonders da eine Raffaelmütze mir sehr gut zu Gesichte stand. Der Zeichnungsprofessor im Gymnasium aber war anderer Meinung; er sprach mir rundweg alles und jedes Talent ab.

Im fünften Jahre meiner Gymnasialstudien ward ich unruhig und tat, wie man zu sagen pflegt, nicht mehr gut. Es wurden

Zeichnungsproben nach Düsseldorf geschickt, an Lessing und Schadow. Lessing antwortete: »Der junge Mensch sollte sein Gymnasium absolvieren und dann weiter sehen«. Schadow aber schrieb: »Der junge Feuerbach könne nichts Anderes werden als Maler und möge sogleich kommen«.

Dass ich mich dieser letzteren Meinung sofort mit größter Leidenschaft zuwandte, war selbstverständlich. Ich quälte meinen kränklichen Vater so lange, bis er müde wurde und seine Einwilligung gab. Er tat es ungern, da ihm Lessings Meinung als die richtige erschien, die sie auch war. So wurde ich denn im Frühlinge 1845, in meinem noch nicht vollendeten sechzehnten Jahre nach Düsseldorf geschickt, wo ich bei Verwandten unserer Freiburger Freunde, Professor von Woringen, als Pensionär wie ein Kind des Hauses aufgenommen ward.

Und ein Kind war ich auch; ein vertrauensseliges, trotz des ungebundenen Straßenlebens von allem Gemeinen entfernt gebliebenes Kind; brennend vor Eifer in der Sehnsucht nach einem unbekannten Ziel und glückselig in all den Illusionen, die bisher meine Welt vergoldet hatten.

Düsseldorf

Mit fröstelndem Unbehagen betrat ich zum ersten Mal die hässlichen Räume der Düsseldorfer Akademie. Außer dem gewöhnlichen Geruch, der allen öffentlichen Anstalten eigen ist, war hier noch etwas Besonderes, Feuchtes, Moderiges, was ich mit dem Ausdruck »akademische Luft« bezeichnen möchte.

Man sagte mir, dass in der Dämmerung eine vermummte Frau, die ehemalige Jakobäa von Baden, in den schaurigen Korridoren umherwandle. Wenn es wirklich gespukt hat, so werden es sicher die Geister der schlechten Bilder gewesen sein, die dort gemalt wurden; Geister, die weder leben noch sterben können.

Durch die Kellerräume fließt die Düssel, dieses klägliche Wasser, um sich außerhalb der Akademie in den Rhein zu wälzen, welchen sie in ihrer nächsten Umgebung schwarz färbt. In stillen Abendstunden hört man deutlich auf den Gängen das unheimliche Glucksen und Schluchzen dieses unglückseligsten aller Gewässer.

An Direktor von Schadow empfohlen, wurde ich als Schüler und Famulus alsbald in seinem eigenen Atelier interniert. Er war ein lebensmüder, kranker, barscher Mann, mit feinem, scharf geschnittenem Profil und seitwärts gesenktem Kopf. Bei guter Laune konnte Schadow von hinreißender Liebenswürdigkeit sein. Seinem durch und durch aristokratischen Wesen wird er die Direktion der Akademie zu danken gehabt haben; als Maler zählte er nicht. Er fühlte und gab sich aber als absoluter Herrscher. Auf der Akademie nannte man ihn schlechtweg »den Alten«.

Ich besuchte den Antikensaal; die übrige Zeit verbrachte ich anderthalb Jahre lang in seinem Atelier, ohne etwas zu lernen, trotz meines Fleißes. Sommer und Winter hindurch musste ich die Pinsel waschen, sodass meine Hände gesottenen Krebsen glichen.

Mein erstes Debut in der Malerei waren zwei Reihen Orden, welche ich auf ein Bildnis des Generals von der Groeben zu malen hatte. Bei dieser Arbeit überraschte mich eines Tages mein

Onkel Ludwig, der Philosoph, welcher auf einer Rheinreise begriffen war. Man nahm ihn in Düsseldorf mit Auszeichnung auf, sowohl von Seite der Künstler, als auch in dem Hause der Düsseldorfer Verwandten meiner Pflegdame, wo er zu einer Abendgesellschaft eingeladen wurde, was er wohl nur in Rücksicht auf mich annahm, und in welcher er sich sichtlich unbehaglich fühlte. Er war zerstreut, sprach wenig und das Wenige in hastig hervorgestoßener Weise, wie das so seine Art war, wenn er sich unbehaglich fühlte.

Ich gestehe, dass mich dies zum ersten Mal über den Kreis, in dem ich lebte, nachdenklich machte, und nachdem ich soweit gekommen war, fing ich an, das Benehmen meines Onkels einigermaßen zu begreifen.

Andern Tages war er frisch und flink. Als er von mir ging, so eifrig und geschäftig, den linken Arm ein wenig hebend, wie ein Vogel, der auffliegen will, in der rechten Hand sorgsam sein Reisetäschchen tragend, da schaute ich ihm freudig und mit herzlicher Anhänglichkeit nach. Später fand ich in meiner Tasche einen Taler, der vorher nicht darinnen gewesen war.

Um diese Zeit wurde mir aufgetragen, eine lebensgroße Schaufel nach der Natur in ein auf der Staffelei befindliches Schadowsches Bild zu malen. Herr von Schadow schlief nebenan auf seinem Feldstuhl. Beim Erwachen sagte er heftig: »Schwerenot! Dämpfen Sie die Glanzlichter; die Schaufel ruiniert mir das ganze Bild!«

In den ersten Wochen musste ich ein Porträt von Hasenclever, Schadows Schwiegersohn, zur Übermalung mit Malbutter einreiben. Ich butterte das Bild dergestalt ein, dass des andern Tages Augen und Haare in schwarzen Strömen herabgeflossen waren. Seit jener Zeit bin ich mit Einsalbungen vorsichtiger geworden.

Eine zu blaue Luft hinter einem heiligen Longinus brachte mir die Prophezeiung ein, dass ich für Kolorit kein Talent besitze.

Ich war in dieser akademischen Zeit grenzenlos fleißig und von einer unbehaglichen Gewissenhaftigkeit.

Briefauszüge

Düsseldorf, 14. April 1845

»Am 9. April kam ich gegen Mittag in Düsseldorf an, ward auf das Freundlichste empfangen und in ein artiges kleines Zimmer geführt, das die Aussicht in ein Gärtchen hat, und in dem ich gleich heimisch war. Herr und Frau Trenelle sind sehr gut gegen mich; ich bin prächtig aufgehoben.

Noch denselben Abend wurde ich zu Direktor von Schadow gerufen, der im Kreise seiner Angehörigen und Freunde dasaß, wie ein Fürst von seinem Hofstaat umgeben. Ich machte meine Kratzfüße mit einigem Herzklopfen. Er gab mir die Hand und sah heiter aus. Ich glaube auch, dass er einen Witz machte und selbst darüber lachte. Dann wandte er sich ernsthaft um und sprach zu mir: »Aus Ihren Zeichnungen sieht man das Talent, aber Sie müssen« usw. »Es ist unumgänglich notwendig, dass Sie« usw. Er redete in ernsthaftem, langsamen Ton und sehr eindringlich, wie mir schien. Darauf wurde musiziert, und ich verabschiedete mich, sobald ich konnte.

Als mich Herr Trenelle zum ersten Mal ins Atelier brachte, sagte Herr von Schadow sehr wenig, machte keine Scherze mehr und setzte mir ein Gipsstück auf. »Da, zeichne dies!« Ich tat es mit Eifer und Gewissensangst. Nachher hieß es: »Nehmen Sie Ihre Anatomie und kommen Sie.« Er voraus, läuft, ohne sich umzusehen; ich hinterdrein, durch Gänge, über Treppen mit vielen Wendungen, bis in das Atelier des Anatomielehrers, Professor Mücke: »Dieser junge Mensch hat Anatomie. Sehen Sie, ob er sich Ihrem Kurs anschließen kann.« Und damit Punktum! Herr Mücke war sehr artig. So zeichne ich in Schadows Atelier seit zwei Tagen von morgens früh bis abends spät. Ich habe einen ganz dämonischen Eifer.«

Einige Tage später

»Es war mir gesagt, dass ich in den Antikensaal kommen würde. Das ist nun doch nicht geschehen, sondern ich soll in Herrn von Schadows Atelier unter seiner besonderen Aufsicht bleiben. Das Einzige, was ich fürchte, ist, dass ich durch

Schadows Güte gar zu sehr gebunden sein werde. Doch wird sich dies wohl fügen; ein Glück muss es ja doch wohl sein, dass er sein Augenmerk so auf mich gerichtet hat, obschon ich lieber einfacher Klassenschüler geworden wäre. Ich habe die Pinsel zu waschen, die Palette zu richten, den Ankauf der Farben zu besorgen und was dergleichen mehr ist. Es nimmt wohl viele Zeit weg, aber ich tue es gern und lerne dabei. Ist doch Raffael selbst einmal Farbenreiber gewesen.«

Oktober 1845
(Auf die Rückseite eines mit Sepia gezeichneten Germanenlagers geschrieben.) »Nehmt mit diesem Auswurf meiner Idee vorlieb! Wie erbärmlich ist doch diese Zeichnung gegen das Bild, wie es in meinem Innern lebt. Der Gedanke ist mir peinlich, es nicht so machen zu können, wie ich will. Ach, wäre meine Idee verwirklicht, was sollte das nicht für ein Bild sein! Edel, schön, großartig! Aber so ist es eine kleine Zeichnung, ohne Feuer und Leben, mit erbärmlicher Ausführung. Doch wer weiß, vielleicht komme ich langsam dazu, wenn ich studiert, wenn ich Übung habe! Ich kann ja noch nichts. Raffael träumte von seinen erhabenen göttlichen Bildern und Michel Angelo; dies waren die großen unsterblichen Meister. Ich träume nichts davon, aber es lebt beständig in mir fort. Ich sehe es vor Augen, ich sehe die Figuren sich bewegen, ich könnte es zeichnen; es ist wirklich kein Traumbild, das mich umgaukelt, es steht vor mir; es lebt und webt in mir; aber wenn ich es fassen will, dann verfliegt es mit Tücke.«

Ohne Datum, wahrscheinlich im Frühjahr 1846
»Wenn ich allein bin, dann ist mir, als wisse ich, was Kunst ist, und ich bilde mir ein, man könne Künstler sein, ohne einen Strich zu tun. Da ist die Kunst etwas Wohltuendes, Beruhigendes, Inniges. – Komme ich aber zu anderen Malern oder gar auf die Akademie, dann sind plötzlich alle Ideale eingesunken. Da stehen die Professoren, denen man es am Gesicht ansieht, dass sie erfahrene Leute sind, die nie unrecht haben. Dann komme ich mir erbärmlich vor, und die Schwierigkeiten wachsen riesengroß.

Schadow verlangt immer großartige Ideen in der Komposition, und die Ausführung will er nach gewissen Regeln haben, die er mit dem Lineal anzugeben weiß. Ich habe nie gedacht, dass man Kompositionen machen kann, die einem nicht von selbst einfallen.

Zuweilen gehe ich insgeheim zu Lessing, der noch der Beste ist. Er lässt der Komposition ihren Charakter und korrigiert, was da ist. »Die Kerls sollten stärker gefesselt sein«, sagte er neulich von einer Seeräuberkomposition; das habe ich verstanden; und er lamentiert nicht über das, was nicht da ist, wie Schadow, der mich mit seiner Güte und seinem Unverstand mutloser macht als durch seinen Zorn.

Professor Sohn ist krank und mag mich nicht leiden, weil der Direktor mich verhätschelt. Was soll ich tun?«

Ohne Datum (1846)
»Sie halten mich für hochmütig und meinen, ich überschätze mein Talent; und es ist doch nur die grenzenlose Freude an der Arbeit, die mir diesen Anschein gibt. Den Rückschlag freilich, der auf die Begeisterung folgt, den kann ich besser verbergen, oder man hält mich dann für launisch. Wie viele misslungene Versuche zerrissen, verschmiert werden, das weiß niemand. Meine Hand kann meinen Gedanken nicht nachkommen, das ist das Ganze, und ich weiß nicht, ob sie es je lernen wird.

Wenn sie nur nicht alle so alt wären! Es ist mir, als hörte ich sagen: »Man war eben jung und wollte übersprudeln, aber jetzt, jetzt haben wir das Wahre, jetzt, wo der Vulkan erloschen ist, haben wir das gediegene Silber.« – Und jetzt weiß ich, dass sie dann nur die Schlacken haben, eine versilberte Technik ohne Geist. – Siehst Du, der Gedanke ist schrecklich, dass man dazu kommen kann, die goldene, liebe Jugend wie eine Torheit zu belächeln. Diese Prosa besitzt jetzt unser großer Lessing in sich. Er malt in dem Bewusstsein: Du kannst es, Du bist der Lessing! – Jawohl, alles in Kontur und Farbe ist richtig und vollkommen; er ist ein Maler, aber seine jugendliche Seele ist fort. Und so ist es: So lange der Geist der Form nicht mächtig ist, steht er erhaben da. Später, wenn ihn die Form zu beherrschen anfängt, gibt er kleinbei. Aber noch später, wenn der Geist die Form beherrscht? Wie dann?« »Esperance! Eternamente Giòvine!«

Die Ferienreise nach der Heimat, im September 1840, trug mir, nach großen Kämpfen und Schwierigkeiten, die Befreiung von dem Dienste im Schadowschen Atelier ein, welcher mehr und mehr für mich zur Unmöglichkeit geworden war. Freilich verlor ich damit auch zugleich seine Gönnerschaft. Wie er mich früher durch Freundlichkeit und übertriebenes Lob verwöhnt hatte, so tadelte er mich jetzt in schroffer und schonungsloser Weise. Sein Stichwort war die falsche Meisterschaft, die jetzt Mode bei den jungen Helden sei, und für die er keinen Pfennig gäbe.

Schadows Urteil über meine letzte Komposition – ich glaube, es war Bacchus unter den Seeräubern – eine Idee, die mein Traum bei Tag und Nacht in Düsseldorf wie später in München war, Schadows Urteil darüber lautete also folgendermaßen: »Es sei Talent darin, aber keine Vernunft. Das Edle und Große könne er mir nicht geben, das würde hervorgebracht durch den Heiligen Geist und durch noch etwas, was er nicht nennen wolle.«

Ich war nun Klassenschüler und hatte die Aufgabe, das Vorurteil der Professoren und Mitschüler gegen meine vormalige Günstlingsschaft allmählich zu entkräften.

Ziemlich befreundet war ich mit Mintrop, dem vierzigjährigen Bauernkinde. Damals war seine naive Natur noch echt. Später – eine Lockspeise eleganter Salons – war er Bauer genug, um den Naiven noch fortzuspielen. Er war glatt rasiert, mit gerollten Haaren und redete jedermann per »Ihr« an.

Ich hatte viele Freunde in Düsseldorf, meinen Heidelberger Vetter, Karl Roux, und vor allen andern den Dresdner Genremaler, Eduard Seidel, dessen ernster, tiefer Sinn mich von manchen Torheiten zurückhielt, zu welchen ich mich häufig aufgelegt fühlte, denn ich war der jüngste und übermütigste meiner Genossen, und mein erwachender toller Humor erfreute sich einer Art persönlicher strafloser Sicherheit, auf die zu sündigen ich zuweilen sehr geneigt war. Ich lebte ziemlich selbstständig; meine Zunge war scharf genug zur Abwehr lästiger Annäherungen, und es gelang mir, auch einige Übung in Dämpfung meines künstlerischen Gewissens zu erwerben. Die letzten zwei Jahre hatten mich äußerlich und innerlich sehr verändert. Mangel an Verständnis auf der einen und an Respekt auf der andern Seite ließen eine Wendung der Verhältnisse sehr wünschenswert erscheinen.

Kurz vor meinem Abgang von Düsseldorf teilte ich mit dem Maler Knaus ein Atelier der Meisterschule. Ganz zuletzt erst lernte ich Alfred Rethel kennen und schloss mich an ihn an. Als ich die Akademie schon verlassen hatte, sagte er mir: »Recht haben Sie freilich gehabt, denn sehen Sie, der Alte leidet manchmal an Kongestionen, die hält er für Gedanken.«

»Jehen Sie nach Paris zu Delaroche, sonst wird nischt aus Ihnen«, dies waren Schadows letzte Worte zu mir.

Die ganze Düsseldorfer Periode hindurch war ich in Pension bei Frau Trenelle, deren Mann, er war Direktor einer Gewehrfabrik, während meines Aufenthaltes im Hause starb. Frau Trenelle war eine gute, liebe, dicke Frau, zu leichter Rührung geneigt; ich werde sie stets in freundlichem Andenken halten. Mit Ausnahme von jeweiligen versotteten Schellfischen, unmöglichen Kartoffeln und wässerigem Kaffee, war ich vortrefflich bei ihr aufgehoben, und sie ließ mich in Frieden ziehen, ohne Vorwurf, ohne Verstimmung, obschon sie vielleicht zu beiden manchmal Ursache gehabt haben mochte.

Ich erinnere mich heute eines Abends in Düsseldorf. Das Wetter war schön, die Luft warm, die Nachtigallen sangen in allen Gebüschen. Es dämmerte, und ich saß am offenen Fenster. Draußen rauschten die Pappeln; sie neigten ihre Wipfel vor dem Winde in fantastischen Tänzen, und die Wolken zogen rasch darüber hin. Dahinter breitete sich schattengrau die Ebene aus, von künstlichen Flüssen durchfurcht. In jener Stunde hielt ich Einkehr in mich selber, und ich fand, dass die Welt viel zu schön sei, um in ihr die Stirne zu runzeln.

Die Rückseite der Akademie geht nach dem Rhein. Mit welcher Sehnsucht sah ich oft auf die hämmernden, pochenden Schiffe, die der Heimat zugingen. Immer aber werde ich des unauslöschlichen Eindruckes gedenken, wenn auf der ersehnten Heimfahrt bei Emmendingen die Eisenbahn den weiten Bogen beschrieb, die ganze so geliebte Schwarzwaldkette sich aufrollte und die feine Spitze des Freiburger Münsters in der Ferne sichtbar wurde, nach öden akademischen Jahren in der sandigen Ebene des Niederrheins.

München

Die Beratungen im elterlichen Hause über meinen künftigen Aufenthaltsort gingen, noch während ich in Düsseldorf verweilte, sehr ins breite, und es hatten sich mehrere erfahrene Freunde meines Vaters Sitz und Stimme in dem Konsilium erobert, was nicht sehr günstig auf einen etwaigen raschen Abschluss der Angelegenheit wirken konnte.

Lessings Ausspruch, dass er auf einen Künstler nichts halte, welchem das Studium in Deutschland nicht genüge, war der antiken Kunstliebe meines Vaters zwar in hohem Grade widerstrebend, aber meinen immer unverhüllter hervortretenden belgischen Gelüsten gegenüber gewann er demungeachtet Bedeutung, und die Meinung der Düsseldorfer Professoren überhaupt, dass ich die Schule zu früh verlassen, stand mit einer gewissen, für mich als heilsam erachteten Strenge ziemlich im Vordergrund. Es war in Freiburg kein Geheimnis geblieben, dass ich den anfänglich in mich gesetzten Hoffnungen nicht entsprochen hatte.

Ein Koffer voll akademischer Akte und Studien, ein kleines, sehr rotes Bild, einen im Flötenspiel unterrichtenden alten Faun nebst Schüler darstellend, welches mir allerdings für einige Jahre ein bescheidenes Stipendium von dem Großherzog Leopold von Baden eingetragen hatte, nebst einem Berg von Kompositionsskizzen, das waren die Früchte meiner dreijährigen Lehrzeit. Meine Entschuldigung, dass ich zu fleißig gewesen sei, wollte man nicht gelten lassen.

Mein Vater hatte schwere Stunden, meine Mutter schlimme Tage. In all diesen Zweifeln und Befürchtungen gab die badische Revolution im Jahre 1848 den Ausschlag. Mir war im Grunde alles recht, wenn ich nur nicht nach Düsseldorf zurück sollte. Ich machte mir ein Vergnügen daraus, von Freiburg über Wiesbaden, wo wir die liebenswürdigsten Freunde hatten,[4] unter beliebigem fremden Namen nach München zu flüchten, um nicht mit Gewalt

---

[4] Freiherr von Löw, Direktor des Hof- und Appellationsgerichtes.

in die Revolutionsarmee gesteckt zu werden. Die Verwirrung in Baden war so groß, dass in dem Tumult niemand an den Einzelnen dachte. So entkam ich im blühendsten Humor und mit den schönsten Vorsätzen, ein lustiges Jahr in München zu verleben.

Es blieb aber nicht bei einem Jahre, sondern es wurden ihrer zwei, die ich für die Kunst verlor.

Nach dem Rate eines Universitätsfreundes meines Vaters, eines an Geld und Geist sehr reichen Mannes, der sich dazu eines unerschütterlichen Eisenkopfes erfreute und Neigung zeigte, meiner Ausbildung förderlich zu werden, wenn ich mich seinem Willen fügen würde – wozu natürlich nicht die geringste Aussicht vorhanden war – nach dem Rate dieses Freundes also[5] sollte ich Schüler bei Kaulbach werden, und ich glaube, dass die Sache bereits viel vorteilhafter, als ich selbst wusste, für mich angebahnt war. Andere teilnehmende Berater stimmten für Schorn, welcher sich eben durch zwei über die Maßen hässliche Bilder, »die Wiedertäufer« und »die Sündflut«, berühmt gemacht hatte. (Beiläufig gesagt, ist Schorn der richtige Stammvater der Pilotyschule.) Ich ging auch wirklich zu ihm und brachte ihm eine große mythologische Zeichnung. Mit verbindlichem Lächeln sagte er mir: »Ich werde Sorge tragen, dass Sie Gegenstände wählen, welche gefallen, und sichere Ihnen sofortigen Verkauf.«

Dies missfiel mir damals – wahrscheinlich mit Unrecht – und ich ging, nachdem ich einige Zeit auf der Akademie mich herumgetrieben und in der Pinakothek mit leidlichem Erfolg kopiert hatte, zu dem politisch kompromittierten Rahl, vor dessen Umtrieben die Monarchen übrigens ruhig hätten schlafen dürfen. Ich hielt es in Wahrheit bei ihm etwas über acht Tage aus, obwohl meine Schülerschaft dem Namen nach und anstandshalber doch einige Wochen dauerte. Noch besitze ich eine Zeichnung, Penthesileas Tod, die mir Rahl durch seine reflektierte Korrektur ziemlich verpfuschte.

Anstatt zur Akademie oder Pinakothek zurückzukehren, wie es das Klügste gewesen wäre, mietete ich mit einem Freunde

---

[5] Medizinalrat Heine in Speyer.

zusammen ein großes Atelier mit Garten und malte, nachdem ein Versuch des seit einem Jahre mich ganz und gar erfüllenden Bacchusbildes schmählich missglückt war, lebensgroße Amoretten, die den kleinen bocksbeinigen Pan als Spielgenossen in den Olymp entführten. Es war eine lustige Komposition, wohl geeignet für eine kleine Darstellung, die aber in so großen Dimensionen verwunderlich aussehen musste. Wenn ich nicht irre, so befindet sich das Bild in irgendeinem Winkel des Freiburger Lyzeums. Auf welche Art es dahin geraten, ist mir nicht mehr erinnerlich.

Ein kleiner schlafender Bacchus, dem einige Windgötter seine Trauben stehlen und dafür vom Wächter Panther tüchtig gezaust werden, erfreut sich jetzt noch einiger Gunst, indem er mir gegenüber an der Wand des Zimmers hängt, in welchem ich die gegenwärtigen Zeilen schreibe. Das Bild trägt eine für die Nachwelt unverständliche Dedikation an eine liebe Verwandte, die – eine seltene Eigenschaft an einer Frau – echten Humor versteht und besitzt.

Fertig war ich freilich mit meinen derartigen Erzeugnissen zum Erschrecken schnell. Die beste Frucht meines Münchener Aufenthaltes wird wohl meine erste Arbeit, die Kopie des Simson, gewesen sein, da mein Vater sich ihrer sehr erfreute.

Mein sonstiges Leben in München war gerade nicht dazu angetan, um meinen dortigen Gönnern freudige Hoffnungen für meine Zukunft zu erwecken. Nicht, dass ich Schlimmes verübt hätte, aber ich war launisch, faul, spaziergängerisch, vergnügungssüchtig, und der Rückschlag meiner Düsseldorfer quälerischen Gewissenhaftigkeit erfolgte nach den schönsten psychologischen Regeln.

Ich gefiel mir damals im Vollgenusse meiner Jugend, und die Ferienzeit in Freiburg, wo ich in fröhlichster Gesellschaft den Schwarzwald durchstreifte, sowie die Besuche bei der schönen, gütigen Großmutter und den heiteren Tanten in dem alten, prächtigen Nürnberg waren nicht geeignet, den schäumenden Übermut zu dämpfen. Jugendneigung, dichterischer Drang, der sich in kindlichen Versen Luft machte,[6] Verwöhnung, Überschätzung ließen mich momentan fast vergessen, dass es noch Pflichten für mich geben könne, obgleich ein dunkler Punkt im Hintergrund meiner Seele lag, über den ich erst hinwegkommen musste, ehe ich mich dem völligen Behagen überlassen konnte.

Indes allzu lange ließ die Kunst nicht mit sich spielen. Zwei Jahre verstrichen nutzlos, und ich kam mir eines Tages in meinem malerischen Samtkostüm vor wie ein Pfau, der nichts hat als sein glänzendes Gefieder. Der kurze Traum war vorüber, und ich vermöchte nicht zu sagen, dass das Erwachen ein angenehmes gewesen sei.

Briefauszüge

April 1848

»Ich habe neulich in Eile geschrieben und warte nicht einmal auf Antwort, sondern melde, wie gut sich alles gemacht hat. Von morgen an kann ich alle Tage von acht bis zwei Uhr auf der Pinakothek kopieren. Ich wollte die Rubensschen Kinder mit den Früchten haben, aber das war zu groß. Nun habe ich ganz kühn den prächtigen Simson mit Beschlag belegt, trotz des Kopfschüttelns des Direktors.

Ich habe so ein Gefühl, wie es mich noch nie betrogen hat, dass ich nach dieser Kopie meinen Bacchus malen kann – den Quälgeist!

Ich will ihn Euch beschreiben.

Der Bacchus wird lebensgroß; eher sterbe ich, als dass jemand mich einschränken sollte. Bacchus steigt die Schiffsstufen hinab, einfach, langsam, mit gesenktem Kopf, aus dessen Dunkel die Augen hervorblitzen. Die linke Hand berührt das Kinn, der Ausdruck ernst, der Mund eher feiner Spott als Ruhe, wozu die Handbewegung trefflich passt; die rechte Hand streckt er aus, eine dunkle Schale haltend. Vor seinem Blick drängen sich die Schiffsleute in den Hintergrund des Schiffes. Einige, von der

---

[6] Eine kleine Sammlung von diesen Jugendgeschichten ist noch vorhanden.

Macht des Weines schon überwältigt, liegen ihm zu Füßen. Jetzt kommt der Moment, den ich gefasst habe. Die Bande, mit welchen die Räuber den Gott gefesselt hatten, liegen am Boden. Reben entsprießen und winden sich, Schlangen gleich, rauschend über das dunkle Schiff, Bacchus tritt einen leichten Schritt vor, finsteren Blickes die Schale darbietend. Die Räuber prallen zurück und beugen sich fliehend über die Schiffswand. Zwei stürzen schon.

Ein Bild voll Lebenslust, durchweht von allem Schönen der Natur. Der leichte, kleine Schritt des Gottes, das Entsetzen der andern – es muss ja von kolossaler Wirkung sein!

Nur das einzige Bild gebe das Schicksal, dass ich vollende, dann will ich getrost zu Grabe fahren! Ihr sollt sehen, es findet nicht seinesgleichen! Ich weiß es, ich sehe es, ich fühle es!«

An den Vater

Ohne Datum

»Ich will Dir melden, was aus Deinen Empfehlungsbriefen geworden ist.

Mein Herr Pate Thiersch hat mich freundlich und zärtlich empfangen und in seine Abendzirkel eingeladen. Minister von Zwehl war die Güte und Freundlichkeit selbst. Am herzlichsten war Schwanthaler. Er empfing mich im Bette, seine rechte Hand von Gicht geschwollen, die Knie zusammengebogen, ein Schmerzensanblick. Ich gab ihm schweigend Deinen Brief. »Ach, von Anselm!« waren seine ersten Worte. Ich war entzückt von diesem herzlichen Ton. Er frug mich sehr lieb nach Dir. »Ja«, sagte er, »ich bin eben jetzt so herunter, ich muss mich in mich selbst zusammenziehen, in meine innere Welt.«

Aber – wie fuhr ich vor den Fresken des Cornelius zurück! O weh, Vater, wie schön hast Du mir die olympischen Götter beschrieben! – Ist das Cornelius, der große Cornelius? Bei näherer Betrachtung wird es immer schlimmer; man entdeckt immer mehr mangelhafte Stellen der Zeichnung, grobe Zeichnungsfehler, wenn Du mir erlauben willst, die Wahrheit zu sagen: von

Kolorit keine Spur. Wo ist denn nun eigentlich die große Herrlichkeit des berühmten Künstlers, die innerliche geistige Auffassung, wenn man sie aus den Arm- und Beinbrüchen und den Körperverrenkungen herausfinden kann? Du wirst sagen, ich hätte kein Recht zu urteilen – leider ist es so; nun dann schweige ich eben.

Morgen komme ich in Kaulbachs Atelier; wie wirds mir gehen? Und Schorn? Und Schorn?«

Immer ohne Datum

»Mein Bacchus ist merkwürdig reif geworden. Bald soll er da stehen – aber ohne vorherige Zeichnung, aus meinem Geiste auf die Leinwand geworfen und dann von innen heraus studiert, das ist der einzig geniale Weg!

Das Leben ist hier frei und heiter; ich bin heimisch in München, als wäre ich hier geboren. Im englischen Garten spazieren, bei Tambosi sitzen, gute Musik hören ist so angenehm. Andere tun es auch, warum ich nicht? Ich kann nur Liebes und Poetisches von meinem hiesigen Aufenthalt sagen. Ich brauche vielleicht etwas zu viel Geld, aber ich lebe und lebe glücklich. Gebt acht, ich bringe es bald ein!«

Herbst 1848

»Das Arbeiten wird mir doch schwerer, als ich geglaubt habe! In geistiger Unruhe bin ich freilich immer. Es ist doch ein großer Schritt vom Denken und Vorstellen bis zum Machen mit den Händen.

Ich will zu Rahl gehen, das ist sicherlich das Beste. Er ist lieb gegen mich und gibt mir immer so gute Ratschläge, von denen ich nur wünschen möchte, dass ich sie befolgte. Als ich vor einigen Tagen von einer kleinen Tour ins Gebirge mit Freunden zurückkam, erschrak ich über meinen Bacchus. Ich konnte mich nicht mehr hineinfinden; so klein, so geringfügig, schlecht gezeichnet, elend komponiert. Wo ist mein Ideal hingekommen auf dem Wege vom Kopf zur Hand? Schreibt mir nichts, sagt mir nichts, ich bitte. Ich weiß alles, weiß es nur zu gut! Und nun kurz und gut, ich riss das Bild herunter und schnitt es in Stücke. Jetzt sitze ich wieder vor einer leeren Leinwand, aber ohne Begeisterung, das ist das Ende vom Liede.

Ich will Dir etwas sagen. Jeder Mensch schafft sich sein eigenes Paradies, und bestände es nur aus einem Blitz der Hoffnung. Ich weiß, dass ich sehr wenig kann, aber ich habe eine Zuversicht, die ins Grenzenlose geht, und bin ich auch manchmal kleinmütig, so weiß ich doch, dass die Zeit kommt, wo ich alle Wirr- und Drangsale unter mir haben werde, und ist es nicht, so habe ich doch kühn gehofft und gestrebt.«

Karneval 1849

»Ihr habt mit Leid und Krankheit zu schaffen, und ich mache einen Ball mit; das passt schlecht zusammen, doch ist es der erste und letzte in diesem Winter; und Ihr gönnt mir das Vergnügen, das weiß ich ja. Ich habe mich kurz entschlossen und habe auch einen ehrenvollen Posten bekommen als Wappenträger der Künstlerschaft. Mein Kostüm steht mir prächtig, und ich werde einen Kranz von wilden Reben auf dem Kopfe tragen. Zwei flotte Abende und eine süße Erinnerung mehr an München. Seid mir nicht böse. Das junge Blut hat eben seine Freude daran.«

April 1849

»Was mein neues Bild betrifft, so sind es lebensgroße Amoretten, die den kleinen Pan entführen. Er liegt auf Zweigen und Tüchern und streckt die Ärmchen nach seiner meckernden Ziege aus, während der lustige Kinderkranz sich immer höher hebt. Es ist ein Stück Poesie darinnen. Das Bild wird leicht, aber nicht leichtsinnig gemalt. Es fliegt eben alles.«

September 1849

»Und wenn ich es nun recht überlege, wie ist es eigentlich mit mir? Von allen meinen herrlichen Idealen ist nicht das kleinste geschaffen. Ich habe gedichtet, aber nicht gemalt. Kein Strich beweist das, was ich in mir fühle, was meinem inneren Sinn entspricht. Wie soll das werden – was soll ich tun? Liebe Mutter, ich will den Vater nicht quälen. Rate Du mir!«

Dezember 1849

»Nachdem ich stunden- und tagelang in bitterer Qual mich abgerungen habe, bleibt mir nichts Anderes übrig, als gerade herauszusagen, dass ich nicht länger hier bleiben kann. Ich weiß, dass ich Euch durch meine exaltierten Gedanken und Pläne – alle Augenblicke etwas Anderes – viele Sorgen mache, aber ich kann nicht anders als Euch bitten, mich nach Antwerpen, Paris, Florenz oder wohin es sonst sei, als Schüler auf die Akademie zu schicken. Ich will in eine Elementarklasse gehen, ein Jahr lang nichts als Studienköpfe malen, nur um den quälenden Gedanken loszuwerden: »Was könntest du sein, und was bist du!« Ich gehe zugrunde, wenn ich mich nicht in eine grenzenlose Arbeit stürze. Ich habe keinen Lehrer, keine gleich strebenden Elemente. Gegen den Strom schwimmen kann nur ein fertiger Künstler, ich gehe darin unter, das weiß ich; darum lasst mich fort. Habt Nachsicht mit meinem kochenden Blut und meinen hämmernden Pulsen. Für was heiße ich Feuerbach? Ich habe Feuer in den Adern.

Zu Schorn hatte ich gesollt? Nun wohl, ich war überrascht von so wenig Geist und Gemüt bei so brillanter Technik. Das gleißt und glänzt! Seine Schüler malen einer wie der andere. Die Bilder sehen prächtig aus; schimmernde Stoffe! – die Technik hat mich kleinmütig gemacht, aber die Bilder haben mich kalt gelassen. Schorns Schüler werden Maler; ich will ein Künstler werden.«

Antwerpen

Nach einigen ruhigen Monaten zu Hause und nachdem die Konskriptions-Kommission in Freiburg mich zum höchsten Erstaunen eines preußischen Militärarztes gnädig hatte durchschlüpfen lassen, wurde nach einem stillen friedlichen Familienrat der belgische Plan wieder aufgenommen. Ich ging im Frühling 1850 nach Antwerpen, um meinen akademischen Kurs von Neuem zu beginnen. Ich war dort mit einigen Düsseldorfer Freunden zusammen heiter und fleißig, sowohl in der Schule als in meinem eigenen Atelier, das ich mir von vornherein gemietet hatte.

Ein Studienkopf aus der Antwerpener Zeit, ein betender Mönch, welcher, dank meinem Modell, einem prächtigen alten Zigeuner, ganz ohne mein Wissen und Wollen die größte Ähnlichkeit mit dem längst verstorbenen Domkapitular von Hirscher in Freiburg erhielt, befindet sich als eine von mir gestiftete Verehrung in dem Heidelberger Kunstverein. Wodurch derselbe eine solche Aufmerksamkeit von meiner Seite verdient hat, ist meinem Gedächtnis entschwunden. Zwei andere Bilder, ein Kirchenraub und eine junge Hexe auf dem Wege zum Scheiterhaufen, sind im Sturme der Zeiten verweht worden.

Die Erinnerung an Antwerpen ist in mir ziemlich verblasst. Außer dem Seeleben an der Scheide fiel mir nichts auf, was großartige Eindrücke hätte hinterlassen können. Es hat mich dort nichts überrascht, auch wurden keine außergewöhnlichen Leistungen hervorgebracht, nur war es ein reges praktisches Naturstreben, entfernt von aller Schwindelei, welches wohltätig wirkte; für mich eine Brücke, die mir von leichtsinniger Fantasterei zu wirklichem Studium den Weg zeigte, die richtige Vorbereitung für Paris.

Da der Akademiedirektor Wappers uns zumutete, die anatomischen Vorlesungen in flämischer Sprache zu hören, die wir nicht verstanden, verabschiedeten wir Deutsche uns in corpore.

Die Rede des Direktors zum Abschied war sehr brillant. Jeden neuen Satz begann er mit einem schnarrenden »Or Messieurs«.

Mein Aufenthalt in Antwerpen dauerte etwas über ein Jahr. Im Frühling 1851 ging ich direkt von Antwerpen nach Paris, wo ich, meines Wissens der Erste von den jungen Deutschen, allmählich die anderen Studiengenossen nachzog.

Briefauszüge

Antwerpen, 13. Februar 1850

»Endlich bin ich in Ordnung und dadurch auch imstande, nebst den herzlichsten Grüßen, Euch den Lauf der Dinge für die nächsten Monate mit einiger Klarheit bestimmen zu können.

Ich besuche die Schule, in welcher regelrecht unterrichtet und gelehrt und der Fantasie nur wenig Spielraum vergönnt wird, was für mich vielleicht von Nutzen sein kann; so hüpfe ich denn für einige Zeit ganz ehrbar mit gestutzten Flügeln herum. Außerdem habe ich ein ganz kleines Atelier zugunsten meiner allerdringendsten poetischen Bedürfnisse, die doch nicht geradezu Hungers sterben sollen.

Einstweilen beschäftigt mich ein altes, wunderschönes Modell. Ich male streng nach der Natur einen steinalten Mönch, wie er vor einem mit vertrocknetem Efeu bekränzten Heiland im Gebete versunken ist. Lebensgröße, zottige Kutte, effektvolle Beleuchtung. Der Kopf ist beinahe vollendet, recht ins Kleine ausgeführt. Dass das Bild nicht sentimental wird, dafür ist gesorgt} denn mein Modell ist ein lustiger alter Zigeuner, der im Atelier herum kauderwelscht und allen möglichen Unsinn treibt, sowie ich ihn von seinem Sitz freilasse.

Ich muss ehrlich gestehen, dass mich die Natur in dieser Modellstudie zum ersten Mal im Innersten ergriffen hat, und ich denke, dass dies an der gewissenhaften Sorgfalt liegt, mit der ich daran halte. Ich sehe jeden Morgen mit Spannung der Arbeit entgegen.«

Juli 1850

»Meine beiden kleinen Bilder, »die junge Hexe auf dem Weg zum Scheiterhaufen« und »Kirchenräuber«, gehen in diesen Tagen an Euch ab. Ich habe sorgfältig und angestrengt gearbeitet, und man wird mir nichts Unfertiges vorwerfen können. Was das Studium betrifft, so heißt es hier in Antwerpen immer »Natur«, gleichviel ob schön ob hässlich, und »frappante Effekte«. Das alles kann ich ja brauchen.

Wenn ich müde bin, erfrischt mich die wilde Scheide vor meinem Fenster mächtig. Das großartige Schiffsleben bietet immer Neues und Interessantes. Ich habe aber leider, wie ich glaube, etwas Heimweh; nach was, weiß ich selbst nicht so recht, vielleicht nach mir selber; und als ich neulich nach sehr langer Zeit einen Spaziergang vors Tor machte und plötzlich den vollen Sommer um mich sah, ward es mir eigen zumute. Macht Euch aber keine Sorgen und lasst mich laufen. Ich finde schon meinen Weg.«

Paris

Die Zeit, in welcher ich Paris zum ersten Mal betrat, war für mich verhängnisvoll. Mein Vater lag in Freiburg an schwerer Krankheit darnieder; ich aber sollte und wollte nach seinem Wunsche mein Programm erfüllen, denn ich hatte manches gut zu machen, und es war mein ehrlicher Vorsatz, dies nach besten Kräften zu tun.

Ich wohnte zuerst in rue Blanche und später rue Douai 15, hoch oben in einem kleinen Stübchen, rings von Freunden und Bekannten umgeben, die sich nach und nach einfanden und in demselben Hause oder in der Nachbarschaft sich einnisteten. Es war ein heiteres, zuweilen stark mutwilliges Treiben unter uns, wie es junge Leute lieben, wenn die Muse gnädig und der Beutel nicht allzu leer ist. Trotz Hitze und Staub, weiter Wege und Entbehrungen von vielerlei Art war mir Paris vom ersten Tage an heimisch. Es erschien mir als die Stadt der ewigen Jugend. Für was hatte ich mir den Wahlspruch »Eternamente Giòvine« auserkoren?

Ich will hier eine Eigentümlichkeit meines Wesens erwähnen, welche mir während meines bisherigen Lebens stets treu geblieben ist, ich meine die Gabe, durch äußere Dinge nicht verblüfft, nicht außer Fassung gesetzt zu werden. Meine Fantasie ist immer stark genug, mit der Umgebung Schritt zu halten, über sie Herr zu werden. Das Größte, Beste ist mir gerade das rechte, das – wenn ich so sagen darf – meiner Natur angemessene. Nur die absolute Schönheit hat wirkliche Gewalt über mich. So war es auch hier im Heiligtum des Louvre, im Salon carré und vor der göttlichen Frau von Milo, dass ich in Erschütterung geriet, wie fast noch nie in meinem Leben.

Der Kehrseite dieser Eigenschaft und der mir dadurch bereiteten Leiden gedenke ich in Schweigen.

Übrigens fühlte ich mich während des Pariser Aufenthaltes stets in künstlerischer Anregung, »enjoué«, wie die Franzosen sagen. War es doch die Zeit eines Troyon, Rousseau, Delacroix, Decamps; eine Zeit der echten Kunstblüte, deren kräftige Luft wir atmeten.

Meine erste künstlerische Zuflucht in Paris war die spanische Galerie, in welcher ich kleinere Bilder zweiten Rangs kopierte, da die Riberas und Velasquez auf Monate hinaus vergeben waren. Ein Versuch im Louvre missglückte, weil mir die vielen Damen mit flatternden Locken, langen Gesichtern und schmutzigen Händen, die, hoch oben sitzend, die besten Bilder, welche die Welt besitzt, auf riesigen Leinwänden verunstalteten, einen unüberwindlichen Ekel einflößten.

In der Folge mietete ich ein Atelier, und hier entstand mein erstes großes Bild, »Hafis in der Schenke«, ein Werk, welches trotz seiner Mängel in meinem Vaterlande einiger Aufmerksamkeit wert gewesen wäre, sei es auch nur um des Hafiskopfes willen, der einem Größeren als mir keine Schande gemacht haben würde.

Beiläufig gesagt, ist dieses im Jahre 1852 vollendete Bild im Frühling 1876, unmittelbar vor unserer Übersiedlung nach Nürnberg, als ein sehr interessantes Kunstwerk verkauft worden, und zwar gerade dahin, wo es vierundzwanzig Jahre vorher mit Hohn und Spott verstoßen worden war.

In die ersten Monate meines Pariser Aufenthaltes fällt der Tod meines guten Vaters. Er starb am 9. September 1851, an seinem dreiundfünfzigsten Geburtstage. An jenem Tage malte ich, wenngleich vorbereitet, doch eine so nahe Entscheidung nicht ahnend, eine kleine italienische Begräbnisskizze, welche meine Stimmung in jener verhängnisvollen Zeit besser ausdrückt, als ich es mit Worten je zu tun vermöchte. Es ist nicht meine Absicht, die Lesewelt mit Berichten über meine menschlich persönlichen Schicksale zu behelligen, und ich decke das teure Grab, in dem auch meine Jugend eingesargt liegt, mit Schweigen zu.

Wenn ich, nachdem ich dies ausgesprochen, dennoch zu einer schriftlichen Mitteilung mich gedrungen fühle, so ist es, um von dem zu sprechen, was die Sonne des Lebens und der Geschichte ist, von der Kunst; zunächst freilich von meiner Kunst und von mir selbst, als Träger und Vertreter einer verkannten und verpönten Kunstrichtung, die ich meinerseits allerdings nur einfach »Kunst« nennen möchte.

Ich wünsche Verständigung mit meinen Zeitgenossen. Die Anweisung auf die Nachwelt ist kein Ersatz für den lebendigen Pulsschlag verwandter Herzen und für liebevoll ermunterndes Eingehen und Aufnehmen, dessen der Künstler für sein Schaffen bedarf, wie die Pflanze des Lichtes der Sonne zum Wachsen. Ich habe mich bis jetzt vergeblich darnach gesehnt. Jeder Akkord, den ich anschlug, und von dem ich glaubte, dass er richtig und rein sei, ist zum Missklang geworden, sowie er über den Atelierraum hinausdrang.

Was meine Kunst nicht erreichen konnte, das will ich jetzt mit dem Worte versuchen, und ich werde in der Folge dieser Blätter die Wahrheit sagen, so wie sie in meiner Seele steht.

Im Jahre 1852 siedelten Mutter und Schwester nach Heidelberg über, wo ich sie im Laufe des Sommers besuchte, um dann nochmals nach Paris zurückzukehren und so lange zu bleiben, als es die Geldmittel erlauben würden, die freilich so gut wie nicht vorhanden waren.

Ich erlebte den 2. Dezember in Paris und werde nie einen Gang zur Post vergessen, den ich an jenem Tage machte. An wild und finster aussehenden Truppen, einzeln vorüberspringenden Reitern mit gespannten Pistolen, an fliehenden Menschen und zerschossenen Häusern vorbei ging ich meines Weges durch die mit Blutspuren befleckten Straßen. Bei uns im Hause war es ruhig geblieben. Wir Deutsche saßen die Nacht über zusammen und lauschten dem fernen Donnern, Knattern und Geschrei, bis es in der Morgendämmerung dahinschwand.

Kurz darauf hatte ich in Paris das gefunden, nach dem ich mich die sieben vorhergehenden Jahre vergeblich sehnte, einen Meister.

Ich verbrachte das letzte Jahr mit wenig Unterbrechung in unausgesetzter Tätigkeit. Angeregt durch das bedeutendste, epochemachende Bild der französischen Schule, durch Coutures »Romains de la décadence«, trat ich sofort in sein Atelier und malte unter seiner Leitung lebensgroße Akte. Nicht genug danken kann ich dem Meister, welcher mich von der deutschen Spitzpinselei zu breiter, pastoser Behandlung, von der akademischen Schablonenkomposition zu großer Anschauung und Auffassung führte.

Paris ist der Wendepunkt meines Künstlerlebens, das Fundament meiner künstlerischen Bildung geworden. Von den früheren Studienjahren darf ich wenigstens die Hälfte verloren geben.

Nachträglich habe ich noch eines in Paris 1851 entstandenen Bildes Erwähnung zu tun, einer Grablegung Christi, welche dem Eindruck der Titianischen Grablegung im Louvre ihr bescheidenes Dasein verdankt.[7]

Briefauszüge

Paris, 8. August 1851

»Wäre Vaters Krankheit nicht, so würde ich mich hier sehr glücklich fühlen, denn ich bin schon ganz vollkommen heimisch in Paris. Meine Natur ist auf das Genießen eingerichtet und lässt sich durch nichts verblüffen. Diesmal aber gilt es fleißig sein, und das will ich redlich und ehrlich. Ich kopiere in der spanischen Galerie und gehe häufig nach dem Louvre. Ein einziges Mal seine Bilder so im Traume beisammen zu sehen, wie sie hier an den Wänden hängen, ist mehr als einen Tod wert.«

Oktober 1851

»Die besten meiner Antwerpener Freunde sind nun hier und haben sich in Ateliers auf Jahre eingemietet. Ich lebe unter vielen Bekannten, jungen, frischen, glücklichen Menschen und bin zu Zeiten auch wohl mit ihnen heiter. Des Abends werden deutsche Lieder gesungen, und ohne meinen Tenor können sie nicht auskommen. Doch fühle ich mich oft sehr einsam, und die Nächte sind schlecht, denn ich denke nach Hause. Nur in der Arbeit finde ich Ruhe und wirkliche Freudigkeit; das bleibt sich immer gleich, so sehr ich auch meine Ungeschicklichkeit einsehe und mich darüber ärgere.

---

[7] Eigentümer Herr Dr. Roller in Achern.

Ich male jetzt mit ganz wenigen, aber transparenten Farben. Ich möchte eine ernste, tiefe Richtung verfolgen. Mein Bild soll einfach werden, aber dramatisch wirken. Ich halte schon Modell und beginne in nächster Woche die Aufzeichnung. Über den Gegenstand nächstens.

Mein Aussehen ist nicht das brillanteste, aber sei ganz ruhig. Ich weiß, dass alle diejenigen, die ein ernstes Streben haben, gefeit sind. Es gibt nur eines, was ich fürchte, das Gespenst, das uns auf den Fersen folgt, und das ich gar nicht nennen mag; sonst habe ich Mut, es mit der ganzen Welt aufzunehmen. Was ich meine, brauche ich Dir nicht zu sagen.«

Dezember 1851

»Ich hatte gehofft, dass wenigstens eine meiner früheren Arbeiten verkäuflich sei – nichts! – Und wie zum Hohn arbeite ich an einem neuen großen Bilde, mit neuen Sorgen. Dies macht mich mir selbst fremd; es demütigt mich in meinen schönsten und heiligsten Empfindungen. Ich bin nicht gemacht, am Boden zu kriechen, und doch reißt das Schicksal mich immer an den Flügeln. Der Fluch der Armut! – Wenn heute einer mich in Versuchung führte, ich würde Shylocks Schein ohne Bedenken unterzeichnen.«

Ohne Datum

»Liebe Mutter, ich danke Dir. Du hast geholfen wie immer, aber Du hilfst doch nur dem Sohne, nicht dem Künstler; denn der braucht leider mehr. Überlasse mich meinem Schicksal; höre auf Opfer zu bringen, die doch nicht fruchten! Wenn bessere Zeiten kommen, werde ich sagen können, wie ich gelitten habe und wie alles gewesen ist.

Soll es zugrunde gegangen sein, so will ich es wenigstens allein besorgen.«

Paris, Weihnachten 1851

»Mein Hafis im orientalischen Kostüm lächelt selig von Liebe und Wein und schreibt eine Ghasele an die Mauer. Er ist rührend arm, denn seine Kleider sind abgetragen und zerrissen, aber zu jedem genialen Loch sieht der echte Dichter heraus. Die Zuhörer in Entzückung, üppiges Blumen- und Rankenwerk und die ganze Glut der sinkenden Sonne!

Paris hat mächtige Einflüsse. Ich war zum ersten Male im Theater und habe eine Aufführung von »Joseph und seine Brüder« erlebt, so ergreifend, dass fortwährende Schauer mich durchbebten. Ich bemühte mich anderen Tages, einen Hauch dieses Geistes auf die Leinwand zu bringen.

Auch eine Beethovensche Symphonie habe ich gehört, die mich ergriffen und durchgeschüttelt hat wie noch nie. Es war die Symphonie in C-Moll. Ich fühlte erst, wie viel wunde Stellen in mir sind, in die die Musik einhackt. Mit neuen Schmerzen habe ich den teuren Vater vermisst und alles, was mir fehlt. So ein einzelnes Werk hat Kraft, den ganzen Menschen durchzuwühlen.

Meine Erhebung und Freude ist die, dass ich heute noch ebenso frisch und freudig an meinem Bilde arbeite wie am ersten Tage. Wie anders ist das geworden gegen früher, wo ich immer da aufhörte, wo ich erst recht hätte anfangen sollen! Es ist schrecklich zu denken, dass die Jahre in Düsseldorf und München ganz nutzlos vergeudet sind. Ich weiß nichts mehr von launenhaftem Leichtsinn, die Arbeit ist mir Bedürfnis.

Nur das ist ein Kunstwerk, in dem sich die ganze Liebe des Künstlers ausspricht.«

April 1851

»Mein Hafis ist fertig und in einem der ersten Bilderläden ausgestellt. Die Kritik ist bis jetzt über alles Erwarten liebenswürdig ausgefallen, sodass ich ihn jetzt mit etwas mehr Mut auf die deutsche Wanderschaft schicke. Für Deutschland ist er gewiss gut, um aber in Paris wirklich Namen zu bekommen, müsste ich länger bleiben und in freien Zug kommen. Es ist keine leichte Sache. Wie viele unserer berühmten Maler dürften in Paris ausstellen? Couture und Courbet sind aus langer Dunkelheit vor wenigen Jahren erst aufgestiegen. Ich komme nicht darüber hinaus.«

Anfang des Jahres 1853

»Ich habe Euch nichts zu schreiben als die Versicherung, dass hier alles ruhig ist und ich frischen Mutes, gesund und tätig bin. Wenn ich Euch die namenlose, endlich errungene Seelenruhe beschreiben könnte, mit der ich täglich meine Fortschritte sehe und fühle, so würdet Ihr Euch mit mir freuen. Drei lebensgroße Figuren habe ich vier- bis fünfmal abgekratzt und mit Konsequenz immer wieder frisch gemalt, bis mir vorige Woche ein Licht aufging, und nun ist der erste Akt wirklich vollendet. Coutures Bemerkungen und seine Leitung sind unübertrefflich. Er nimmt Interesse an mir und behandelt meine Mängel mit medizinischer Genauigkeit. Alles bis auf das kleinste gibt er an, jede Mischung. Dabei hat er meine energische Durchführung gelobt. Kurz, ich segne die Stunde, in der ich sein Atelier betrat.

Es ist eine solide Malerei, und wenn Du die Studien siehst, so wird Dich die breite altmeisterliche Auffassung selbst in meinen unvollkommenen Schülerarbeiten frappieren. Mehrere ältere Berliner Maler sind im Atelier, die sich nicht zurechtfinden und den Meister in einige Verzweiflung bringen. Ein Amerikaner, der drei Jahre im Orient, ein Jahr in Griechenland und zehn Jahre in Rom war, fragte mich nach dem jungen Feuerbach, dessen in Berlin ausgestelltes Bild »Hafis« ihn großenteils bewogen hätte, nach Paris zu Couture zu gehen; aber er sei zu alt, um von Neuem anzufangen.

Mein guter Hafis, den ich beinahe schon vergessen hatte! Es ist freundlich von ihm, dass er mir einen Gruß sagen lässt, den ersten, seit er sich in Deutschland herumtreibt. Karlsruhe, Frankfurt, Hannover, Berlin. Ein tröstlicher Anfang!

Sonst habe ich nichts zu sagen, als dass ich mich wahrhaft glücklich fühle, von Tag zu Tag Fortschritte mache, und dass mir mein innerstes Gewissen sagt: Anselm, Du bist auf dem rechten Weg!

Meine einzige Sorge ist die, dass ich nicht lange genug bleiben kann. Ich will nicht daran denken. Es ist der dunkle, hässliche Schatten, die Sorge, die auf mir lastet, und die ich so schwer ertrage, sonst ist alles licht, hoch, frei und heiter.«

Herbst 1853

»Es ist recht und lieb von Dir, dass Du Dich in dem Glauben an mich nicht durch Einreden und Zuträgereien irremachen lässt. Ich bin manchmal wild, aber mehr aus halber Verzweiflung als aus Leichtsinn, und ich weiß, was ich Vaters Andenken, Dir und meinem Namen schuldig bin. Die Kunst ist mein Alles, ich strebe und ringe mit den Umständen, mit mir selbst. Wenn es so leicht wäre, ein guter Künstler zu werden, würde es nicht so viele schlechte geben.«

Januar 1854

»Ich habe eine kleine Bestellung für Hamburg erhalten. Nun – es war Zeit! Fragt mich nicht weiter, lasst mich ganz schweigen; es ist am besten für Euch und für mich. Und ich habe es auch schon halb überwunden und halb vergessen.

Wie viel Schlimmes braucht es, um einen guten, gesunden Menschen zu ruinieren, und wie wenig, wie wenig Gutes könnte ihn manchmal retten! Ein kleiner Sonnenblick, und alles Übel ist vergessen. Wie wird mir sein, wenn Gottes Sonne mich einmal mit ihrem vollen Licht bestrahlt? Espérance! Ich komme bald.«

Karlsruhe

Die Zeit ging unaufhaltsam ihren Gang, und die Notwendigkeit forderte unerbittlich ihr Recht. Von Paris scheiden war schwer, aber unvermeidlich, in die Heimat gehen das Leichteste und Tröstlichste, was ich wählen konnte in einer Lage, wo die Unsicherheit mich Schritt für Schritt begleitete. So kam es, dass ich im Frühling 1854 eines schönen Morgens in Karlsruhe erwachte. Ich glaube, es war ein Maimorgen, und ich erinnere mich, dass ich, vielleicht in unbewusster Ahnung dessen, was mir dort begegnen sollte, erst um Mittag aufstand.

In Karlsruhe begann meine eigentliche selbstständige Tätigkeit. Der Anfang war ein so außerordentlich vielversprechender, dass ich, trotz meines strengen Kunstprogrammes, nicht umhin kann, desselben hier zu gedenken.

Mit zwei Freunden, beide des juristischen Staatsexamens wegen in Karlsruhe, kehrte ich kurz nach meiner Ankunft eines Abends ziemlich spät von einem Spaziergang über Land nach Hause. Da die beiden Herren in den stillen Straßen sich etwas laut unterhielten – sie waren nach überstandenem schriftlichen Examen vielleicht nicht so nüchtern, als man morgens vor der Predigt zu sein pflegt – so rief uns eine Schildwache an, die sofort von einem der angeheiterten Examinanden eine sehr häufig gebrauchte, ungebührliche Mahnung zum Schweigen als Antwort erhielt.

Vorladung des andern Tages und Urteil auf zwölf Stunden Dunkelarrest war das gesegnete Resultat dieser Heldentat. Die Nacht zur Abbüßung durften wir uns selbst wählen. Natürlich gab ich den Schuldigen nicht an, sondern büßte unschuldig mit. Die Sache wurde auf meinen Rat baldmöglichst abgetan, und ich erzählte meinen niedergeschlagenen Unglücksgefährten in jener Nacht Geschichten bis drei Uhr morgens.

Die Folgen dieses Erlebnisses waren, wenigstens für einen von uns, ziemlich ernsthaft. Vom Untersuchungsrichter war er im schwarzen Frack zum mündlichen Examen gegangen, wo er auf jede Frage hartnäckig die Antwort schuldig blieb. Bald darauf wanderte er nach Amerika aus. Der andere war zum Glück schon beim schriftlichen Examen durchgefallen.

So verlor Baden zwei hoffnungsvolle künftige Beamte, und ich begann meine glorreiche Laufbahn in Karlsruhe als schuldloses Opfer meines Edelmuts auf der Pritsche im Turm.

Der Sekretär des Richters, ein reicher Volontär, hatte im Verhör mit sichtlichem Behagen sein Protokoll geführt. Er hielt sich von da an sehr zu mir und wollte fast jeden Abend ein Glas Champagner auf den Beginn unserer Bekanntschaft mit mir trinken. Er hatte Freude an der Kunst und wenn auch nicht eingehendes Verständnis, doch Gefühl dafür. Ich begann zu ahnen, dass es auch bei der hohen Polizei edle Seelen geben könne, was für einen armen Landstreicher immerhin etwas Beruhigendes haben konnte. Zu derselben Zeit malte ich einem kunstliebenden Konditor eine Bacchantin in sein Gartenhaus. Ich fand Freunde und Bekannte und war sehr heiter.

Anfangs teilte ein gutmütiger österreichischer Maler, der in der Türkei etwas Vermögen erworben hatte, sein Atelier mit mir. Später mietete ich das Parterre des Weinbrennerschen Hauses nächst dem Bahnhof und richtete mir in dem großen Gartensaal meine Werkstätte ein. »Aretino«, »die Versuchung des Antonius«, eine »zweite Grablegung«, nebst verschiedenen kleineren Sachen, wie Blumenmädchen, Zigeunerinnen und dergleichen gefällige Bilder hatten ihre Geburtsstätte in diesem mir angenehmen und bequemen Lokal.

Nach den langen Aktstudien im Pariser Atelier war ich – es ist dies ein Vergleich, welchen ein österreichischer Ministerialbeamter im Jahre 1874 auf meine Schüler in Wien anwandte – produktiv wie ein ausgedörrter Garten, auf den ein Platzregen gefallen ist.

Eine Bestellung für das großherzogliche Schloss, Kinderfriese zur Ausschmückung eines Saales, schien den schönsten Anfang zu gewähren. Ich hoffte, wie ein bestellungshungriger Historienmaler nur immer zu hoffen vermag, auf Größeres und Großes.

Der Aretino ist mit einer schwer zu schildernden Begeisterung gemalt. Paris, mein Hafis, welcher auf Ausstellungen in der Welt herumzog, alles war vergessen. Nachdem das Bild vollendet war, schien es Beifall zu finden. Direktor Schirmer zeigte sich mir außerordentlich gewogen; er versprach, seinen ganzen Einfluss für mich einzusetzen. Die hohen Herren, der Prinzregent, Prinz Karl, der Markgraf Wilhelm, sahen es wiederholt. Ich durfte begründete Hoffnung auf Ankauf des Bildes vonseiten der Galerie haben.

Der Vorschlag wurde gemacht, die Kommission trat zusammen, das Bild wurde zurückgewiesen.

Bis diese Verhandlungen ihre mir unerwartete Endschaft erreichten, war ich mit der »Versuchung« zur Vollendung gekommen. Das Bild hatte Höhenformat: Eine Waldschlucht, unten ein junger Mönch, in wilder Bewegung auf die Knie gesunken, bleich, mit verwirrten Haaren, Brevier, Geißel, Totenkopf auf dem Boden zerstreut. Schräg über ihm, träumerisch dunkel gegen den goldenen Abendhimmel sich absetzend, eine Frauengestalt, die ihn anzurufen schien. Ich darf wohl sagen, dass das Bild von tragischer, ergreifender Wirkung war. Ich hatte es mit dem Aretino für die Pariser Ausstellung bestimmt, und die Bilder standen abermals vor der Kommission, die sich diesmal Jury nannte. Wären sie vor einer französischen Jury gestanden, so würde ich am nächsten Tage ein berühmter Mann gewesen sein und mein Schicksal gemacht.

Meine pekuniären Verhältnisse waren die schlechtesten. Ich malte im kalten Saale, weil ich kein Holz hatte, und wurde vom Vergolder und Farbenhändler hart gedrängt. Meine Mutter tat das Äußerste, aber sie hatte sich schon für Paris verblutet.

Den Erfolg soll ein von mir in jenen Tagen nach Heidelberg geschriebener Brief berichten, welchen ich unter vielen ähnlichen Inhalts auswähle:

»Seit heute steht die Versuchung wieder im Atelier. Ich erhielt vom Ministerium den kurzen Bescheid: ›dass man des Gegenstandes wegen Anstand nehme, das Bild nach Paris zu schicken.‹

Wenn ich beschreiben soll, was ich seit zwei Tagen im Gemüt leide, würden Worte nicht hinreichen. Ich möchte mich darüber hinwegsetzen mit aller Kraft, aber es nagt an mir, ich kann nicht essen, es quillt mir alles im Munde. Das war der letzte Rest. Habe ich verdient, so gekränkt, in solcher Weise behandelt zu werden?

Ich habe heute lange vor dem Bilde gesessen, es war, als spräche es mit tausend Zungen zu mir in seiner Einfachheit und Kraft. Noch ein solches Jahr, und ich bin da, wo ich jetzt schon gerne sein möchte. Schreibe mir bald ein paar tröstliche Zeilen, damit ich wieder zu irgendetwas Vertrauen fasse!« –

Noch denselben Tag habe ich in meinem Unmut das Bild überstrichen und, in tausend Stücke zerrissen, dem Feuer übergeben, was ich später bitter bereute. Ein kleines Daguerreotyp ist alles, was von diesem – ich darf wohl sagen – bedeutenden und echt dramatischen Gemälde übrig blieb.[8]

Es ist dies der erste Ring in der langen Kette von Missverständnissen und Begriffsverwirrungen, die meinem Künstlerleben zum Fluch geworden sind. Ein kräftiger Arm, der mich über die kleinen Sorgen des Lebens hinweggehoben hätte, und ich würde in einem Freudensturm den Gipfel erreicht haben, auf den meine Natur sich erheben konnte. Aber die Hilfe kam immer zu spät und immer nur halb. So habe ich zehn Jahre, die für die Kunst entscheidenden, verloren, ein Verlust, der nie zu ersetzen ist.

Dass der fürstliche Herr mir gut war, das wusste ich wohl, und ich zweifelte nie an seiner freundlichen Absicht. Aber es umgab ihn eine Mauer von kalten und kleindenkenden Geschäftsseelen, deren Dazwischentreten den warmen Hauch der Teilnahme abschwächte. Ihr misstrauen stempelte die ursprünglich wohlwollende Gesinnung durch die Form, in die sie eingekleidet ward, zur kränkenden Demütigung.

Direktor Schirmer war ein dicker, knorriger Mann, der durch seine teutonischen Eichenwälder eine Art von Düsseldorfer Berühmtheit erlangt hatte. Seine Arbeiten zeigten eine gewisse Derbheit, und man hätte sich ihren Schöpfer wohl als einen kräftigen Charakter denken können; aber er barg unter der Hülle seiner Biederkeit eine schwankende, äußeren Einflüssen leicht

---

[8] Nach diesem kleinen Daguerreotyp ist es gelungen, eine schöne große Photographie des zerstörten Bildes herzustellen, welche sich in der Sammlung von Photographien nach Bildern von Anselm Feuerbach bei Hanfstaengl in München befindet.

zugängliche Seele. Er war mir wirklich gewogen und wäre es vielleicht geblieben, wenn ich klüger gewesen wäre. Leider habe ich es nie gelernt, mich an die Schwächen der Menschen zu halten.

Als Lessing nach Karlsruhe kam und mit seinem Gewicht zwischen den fürstlichen Herrn und mich trat, da ging Schirmer gleichfalls zu meinen Gegnern über. Lessing konnte mir nicht verzeihen, dass ich einst glaubte, in Düsseldorf nicht genug lernen zu können. Als zehn Jahre nachher ein Münchner Kunstmäzen mir seine Aufmerksamkeit zuwendete, gereichte ihm dies zu größter Verwunderung. Nur ein Mecklenburger Baron könne solches tun, meinte er. Hiermit ist meine Stellung in der Heimat für die folgenden Jahre hinreichend klargelegt; dass ich keine Stütze im Vaterlande hatte, raubte mir zugleich die Stellung in der Fremde, und da ich noch Schüler war und arm, so fehlte nichts, um mein Schicksal zu besiegeln. Damals aber, im Jahre 1854, schien unser Fürst noch Zutrauen zu meinem Talent zu haben. Er hat es wohl auch später nicht ganz verloren. Die Kränkung, welche mir so großen Kummer verursachte, ward durch einen Auftrag gut gemacht, welcher mich in das höchste Entzücken versetzte. Ich sollte die Assunta des Titian in Venedig kopieren. Die Bedingungen waren freilich karg zugemessen und für eine große Arbeit, die man auch wohl nicht erwartete, ganz und gar unzureichend. Aber man stellte mir insgeheim eine mehrjährige Pension in Aussicht mit Rom im Hintergrund; ich war dankbar und glücklich, ich dachte nichts als Italien, und das Leben blühte wieder auf. Niemand war je leichtgläubiger für die Erfüllung seiner Wünsche als ich. Das Vergangene hinter mich werfen, von Neuem anfangen, war mein Tagesgeschäft. In weniger als einer Woche war Aretino und Versuchung überwunden; an Hafis dachte ich kaum mehr.

Ich verabredete mich mit dem mir befreundeten Dichter Joseph Viktor Scheffel, welcher desselben Weges zu reisen gedachte. Wir verließen Heidelberg zusammen den 4. Juni 1855. Ich in einem Glücksgefühl, wie es etwa ein dem Käfig entronnener Vogel oder eben nur eine junge, stürmische Malerseele empfinden kann, auf der ersten Fahrt nach Italien.

Venedig

Ein Reisebrief

20. Juni 1855

Es trifft sich schön, dass ich gerade heute Deinen Brief erhalte, da ich ohnehin im Begriff war zu schreiben. – Lauter Gutes! – Ich kann es nicht ausdrücken, welch eine Welt von Ideen, Grazie und Ernst sich nach und nach in mir auftut. Doch davon später. Zunächst ist Deine Cholerafurcht ganz unbegründet. Wir sprachen lange mit R...[9] darüber; er empfiehlt regelmäßiges Leben – das tun wir. Also fort mit der Allgemeinen Zeitung. Sorge ist unnötig; und wäre das auch nicht, so würde ich mit Napoleon sagen: »Die Kugel, die mich treffen soll, ist noch nicht gegossen«. Und nun zu anderen Bildern!

In München war es mir unheimlich; bei Tage und des Nachts blies mich eine so kalte Luft an, dass ich zwei Tage nicht sprechen konnte, im Bette liegen und den Arzt brauchen musste, wobei Scheffel den liebenswürdigsten aller Krankenwärter machte und mich mit eigenhändigem Senfteig beglückte. Am dritten Tage wurde mir unheimlich zumute; eine innere Stimme sagte: »Italien! Da wird es besser.« Ich sagte, oder ich flüsterte oder krähte vielmehr: »Heute reisen wir! –«

Denselben Abend fuhren wir schon dem Gebirge zu. Wir waren beide stumm und ich sehr niedergeschlagen. Gott weiß, was mir durch den Kopf ging. Nach Mitternacht – alles schlief im Wagen – da stieg der Mond herauf, und wir fuhren in das nächtliche Gebirge hinein. Morgens halb vier Uhr stieg ich aus und ging, den Wagen hinter mir lassend, aufwärts, und da war es, wo die erste Beseligung über mich kam. Unten Nacht, ringsum Totenstille, hoch über mir die bleichen Gipfel in weitem Kranze, die Eisriesen, ganz rein gezeichnet. Ich lehnte mich über die Brustwehr und dachte – ich weiß nicht was. – Als der Wagen nachkam, konnte ich den schlafenden Scheffel schon mit lauter

---

[9] Venetianischer Arzt, Dr. Richetti.

Stimme anrufen. Gegen Mittag zog der Weg sich mühsam durch Felsenschluchten, bis plötzlich nachmittags, 5000 Fuß unter uns, das ganze strahlende Inntal lag. Dann rasch hinunter, die Martinswand vorüber, nach Innsbruck, der heißen, pfäffischen Stadt; die anderen zwei Tage durch das lange Tirol. Bei Bozen die ersten Zypressen und Oliven. – Gottlob, ich habe ein paar helle Augen im Kopfe, die unmittelbar ins Herz führen, und so stehen meine Eindrücke wie geharnischte Männer in meiner Brust, und wenn ich einst bei Euch auf dem stillen Balkon sitzen werde, dann will ich erzählen ganze Tage und Abende lang.

Nach Bozen das alte Trient, dann mit einem raschen Vetturin über die Berge, das reizende Arcotal entlang, nach Riva. Das Arcotal ist so schön; die Gegend unbewohnt, das Tal mit wilden Granitblöcken übergossen, dazwischen stille kleine Seen mit alten Kastellen darinnen. Dahin könnte man gehen, wenn man weltmüde ist, um Frieden und Stimmung zu finden.

Abends lagen wir im Fenster des Gasthofes zu Riva; da lag der Gardasee im Mondschein, und wir fragten uns, ob wir wachten oder träumten. Scheffel ist ein feiner, liebenswürdiger Mensch, und wenn ich an all die Gespräche im Wagen denke, so weiß ich nicht, was schöner war, die Mitteilung in stiller Begeisterung oder die Natur, durch die wir fuhren.

Jetzt Verona; Frauen mit schwarzen Schleiern, römisches Theater. Die Etsch, ein wildes, gelbes Wasser, wälzt sich mitten durch die Stadt. Der Platz dei Signori, eine stille, trauernde Pracht, dabei heimlich und klein wie ein Zimmer. Der erste Paul Veronese und Bonifacio. Andern Tages an Padua vorbei, dann wird es Abend, Nacht; die Eisenbahn führt ins endlose Meer hinein und immer fort. – Da liegt Venedig, lang hingestreckt mit zahllosen Lichtern, als wolle es in der Nachtkühle baden. Gondeln liegen da, wir steigen ein, und geräuschlos taucht Palast nach Palast auf und verschwindet. Wir kommen in Seitenkanäle, eng, schwarz, die Gondoliere bücken sich unter den dunklen Brücken und rufen sich zu. Endlich hält die Gondel still. »Buona sera!« Ein Kellner mit Licht führt uns in ein erleuchtetes Haus. Wir fragen nach S. Marco; »sempre dritto«, und da stehen wir denn, Gott sei Dank, nicht wie gewisse gemütliche Tiere, sondern wie Aladin mit seiner Wunderlampe in Tausend und einer Nacht.

Jenen Abend ward wenig gesprochen, viel gedacht und sich schlafen gelegt mit dem Gefühl, wie es in Vaters Briefen heißt: »Ich war verzaubert und wusste die Formel nicht«. Ich aber, der Sohn, ich werde sie finden. Verlass Dich darauf!

Fortsetzung morgen.

Und was soll ich nun von den Venezianern sagen? Es ist eine Bruderschaft der echten Farbe; sie müssen so sein, wie sie sind, weil sie nicht anders können. Hätte ich zu ihrer Zeit gelebt, so würde ich vielleicht in mancher dunklen Kirche ein Bild mehr finden, das sich an die große Kette still als bescheidener Ring anfügen dürfte.

Die Venezianer sind ernst in ihrer Heiterkeit und heiter in ihrem Ernst. Sie suchen nichts und brauchen nichts, weil sie alles haben. Mehr denn zwanzig Bilder habe ich hier schon gesehen: Dunkle Madonnen, in schöner Architektur sitzend, umgeben von ernsten Männern und schönen Frauen in heiliger Unterredung. Immer sind drei Engelchen darunter mit Geigen und Flöten. Ich finde, dass damit alles gesagt ist, was man braucht, um schön zu leben.

Wir wohnen am Meere; zahllose Schiffe wiegen sich vor unsern Fenstern, Inseln mit Kuppeln glänzen im Sonnenschein. Ich werde von Venedig so bald nicht loskommen, denn es ist alles da, was ich brauche. Von Tag zu Tag kommt mehr Klarheit und Ruhe über mich; des Abends stürze ich mich in das Adriatische Meer und wasche alle Sünden der Vergangenheit ab. In dieser Stadt der Toten will ich Lebendiges schaffen.

Bis jetzt habe ich nicht gewagt, der Assunta unter die Augen zu treten, aber in einigen Tagen werden die Vorbereitungen fertig sein, dann – –

Die Zeit, bis die Leinwand gespannt ist, benützte ich zu Zeichnungen nach alten Bildern. Scheffel ist fleißig auf der Bibliothek. Du siehst, wie sich alles schön und lieblich fügt. Ja, wir wandeln auf Marmor und wohnen in Palästen!«

Toblino

Das Verhältnis zwischen Scheffel und mir war ein unserer beiderseitigen Natur entsprechendes, wohltuendes, förderliches; keine himmelstürmende Gymnasiastenfreundschaft oder läppische Vertrauensseligkeit, sondern eine auf gegenseitiges Verständnis, auf Achtung und Zuneigung gegründete Haltung, um nicht zu sagen, Zurückhaltung, welche der Zeit unseres Zusammenseins einen bleibenden Wert verlieh.

Mein erstes Eintreten in Venedig stürzte mich vorübergehend in eine Art von Entzückungstaumel, der aber angesichts der großen Assunta sehr bald in nüchterne Überlegung sich auflöste. Nichtsdestoweniger ist Venedig mir immer als Heimat der Poesie erschienen. Nächtliche Rundgänge auf S. Marco, mit dem inneren Bewusstsein der Schaffensfreudigkeit, erfüllten meine Seele damals mit einem Behagen, welches ich später in jener Weise nie mehr empfunden habe. Es war das Behagen, welches durch den Einklang der äußeren Umgebung mit der inneren Seelenstimmung hervorgebracht wird.

Venedig ist wunderbar in seinem heiteren Glanze, seiner träumerischen Ruhe, noch wunderbarer im Sturm, wenn die Möwenschwärme hereinflüchten, während das Meer sich donnernd an den Murazzi bricht.

Wenn ich an Venedig denke, ist es mir, wie wenn ich schöne Musik gehört, ein gutes Buch gelesen oder mit einem lieben Menschen gesprochen hätte.

In wechselnder Gemütsverfassung brachte ich in dem heißen Monat Juli die Untermalung der Assunta nahezu in halber Originalgröße auf die Leinwand, mit dem seligen Genügen und der verzweifelnden Mutlosigkeit, welche stets meine verschiedenen Arbeitsperioden bezeichnen. Die Letztere war diesmal durch verschiedene innere und äußere Zutaten bedenklich verstärkt worden, sodass ich eines schönen Tages buchstäblich vor Elend und Müdigkeit von der Staffelei herabfiel. Nachdem diese Krisis überwunden war, nahm die Arbeit ihren ruhigen Fortgang bis gegen Ende des Monats, wo die Einflüsse des Klimas nahezu mörderisch zu werden drohten.

Die Cholera war zwar erloschen, aber, wie wir nachträglich hörten, waren in unserer nächsten Umgebung rings die Menschen weggestorben wie die Fliegen. Ganze Häuser standen leer. Scheffel war zum Schatten geworden und konnte nicht mehr arbeiten. Ich hielt etwas länger stand, endlich ging es aber auch nicht mehr. Ich war in der Gluthitze an der Arbeit geblieben, bis die Untermalung der Assunta völlig und kräftig dastand. Es war eine große Aufgabe, doch wer hätte sie nicht gerne gelöst dem liebenswürdigsten aller Meister gegenüber?

Man erwartete in Karlsruhe von mir eine kleine Kopie. Ich malte ein großes Galeriestück. – Weshalb? – Aus künstlerischer Liebhaberei, aus Ehrgeiz, was weiß ich – so viel ist sicher, dass es nicht aus Klugheit geschah.

Nun aber war es Zeit, aufzuhören. Scheffel und ich wollten an den Gardasee, um uns zu erholen; mein Bankier aber machte Schwierigkeiten, mir einen Monat von meiner Pension vorauszubezahlen. Die Reise war nicht in seiner Rechnung notiert und schien ihm überflüssig. Er hatte strenge Instruktion, mir auf die Finger zu sehen, und es fand sich auch zuweilen ein Bureaudiener bei meiner Assunta ein, um sich von meinem Fleiße zu überzeugen.

Ich ertrug dies alles mit ziemlicher Gelassenheit und lernte begreifen, dass das pädagogische Machtgefühl bei Mangel an tieferem Verständnis sehr leicht zu einer Art von pflichtbewusster Barbarei führen kann. Aber trotz vier- oder sechsbändiger Zügelführung, wozu sich Kunst und Finanzen vereinigten, ward der Pegasus doch nicht gezähmt, und allen Bankiers nebst Bedienten zum Hohne fuhren wir, Scheffel und ich, als hohläugige Gespenster über den funkelnden Gardasee nach Kastell Toblino, welches seinen Namen von dem kleinen öden Gebirgssee hat, in dem es, romantisch genug, auferbaut ist.

Wir genasen von allen körperlichen und seelischen Leiden in der glücklichen Einsamkeit von Toblino. Gesegnet sei dieser stille, reine, heilige, von keiner Kultur berührte Gebirgswinkel mit seiner herben, großen Natur, seiner frischen, kräftigen Luft und seinen einfachen, guten Menschen. Wer weltmüde und wessen Herz von dem wüsten Treiben der Großstädte verwundet ist, der möge hier Heilung suchen, und er wird sie finden.

Die vier Wochen in Toblino gehören zu den glücklichsten meines an Glück eben nicht reichen Lebens. Der erste Sonntagmorgen steht mir fest im Gedächtnis. Wir wurden um sechs Uhr in die Kapelle gerufen, dann saßen wir in dem sonnigen Vorsaale und sahen durch das geöffnete große Tor in den mittelalterlichen Burghof hinaus. Auf einer Eisenstange unter dem Torbogen sonnte sich ein Schwälbchen und sang mit ganzer Inbrunst, während der Kapuziner in seiner braunen Gewandung brevierlesend auf- und abging. Durch die offenen Fenster blitzte der See in hellem Sonnenschein auf, und die Berge standen in zitterndem Duft. »Wer hier nicht gesund wird, der bleibt ein kranker Mann sein Leben lang«, sagte ich zu Scheffel. Ich ward auch bald durch das Landschaftern in der köstlichen Bergluft: und durch Rudern und Baden im See so stark, dass ich nur auf die Gelegenheit wartete, jemand von Herzen durchzuprügeln.

Wenn ich draußen weitab malte, hatte ich einen Unterschlupf in einer Osterie des fantastischsten Gebirgsdorfes der Welt. Ein kleines Stübchen, gegenüber die Trümmer des Schlosses Madruz, unten ein toller Mühlbach!

Die künstlerischen Ideen strömten in schönster Harmonienfolge; ich war heiter und wohl und dachte ohne Groll vor- und rückwärts.

Scheffel hat eine reizende Schilderung unseres gemeinsamen Aufenthaltes in Toblino niedergeschrieben und in irgendeiner Zeitschrift drucken lassen, deren Titel ich leider vergessen habe.[10] In meinem Gedächtnis ist, wie hinter einem leichten Vorhang, eine Reihe lieblicher Szenen aufbewahrt, wie sie nur ein Dichter und ein Maler erleben können. Z. B.: Wie wir eine von mir gemalte Madonna, die der Hauswirt in unnötiger Vorsicht als Geschenk für seine Kapelle ausschlug, als Segel in unserem Kahn aufspannten und die frommen Leute in der Umgebung glaubten, die Heilige Jungfrau sei durch das Schilf des Sees gewandelt zum

---

[10] Frankfurter Museum, herausgegeben von Theodor Creizenach, 1856, Nr. 11, 12, 13. »Aus den Tridentiner Alpen«, von Joseph Viktor Scheffel.

Gnadenschutz vor der Cholera; oder wie wir in dem kleinen Kahn während eines wilden Gewitters die Richtung verloren und durch Hagelschauer, Sturm und Wellengebrause plötzlich die Glocke des Kastells läuten hörten, die die Töchter des Hauses zogen zu unserer Rettung; denn wir waren wirklich in Gefahr.

Doch die Zeit ging zu Ende, und das Scheiden war bitter. Scheffel wandte sich nach Meran, ich musste nach Venedig zurück an die Arbeit. Wir hatten schön zusammengelebt. Wenn ich des Abends müde mit meinen Malereien vom Lande kam, dann fuhren wir im Abendsonnenschein schweigend nach dem Kastell zurück, oder wir sprangen mit kindischem Jubel in die glänzend gekräuselten Wellen des Sees.

Mit meiner Rückkehr nach Venedig sollte ich wohl diesen Abschnitt beschließen, denn das Ende ist weniger anmutend als der Anfang, doch die Wahrheit fordert ihr Recht.

Die Assunta wurde mit Glück und Gelingen vollendet und gegen Ende Oktober nach Karlsruhe abgeschickt. Verschiedene ungünstige Umstände verzögerten den Transport, sodass das Bild einige Wochen später an dem Orte seiner Bestimmung eintraf. Welche Vermutungen an diese Verzögerung geknüpft wurden, möchte ich mit Stillschweigen übergehen; auch machte die endliche Ankunft der Assunta allen schlimmen Deutungen ein Ende. Meine Gönner und Gegner, denn in diesem Augenblicke waren sie beides, ließen mir volle Gerechtigkeit des Urteiles widerfahren. Das Gemälde wurde mit Beifall empfangen und trug mir einige Monate Verlängerung meines Aufenthalts in Venedig ein. [11]

Leider hat mich mein künstlerischer Dämon verleitet, durch ein »Zuviel« die Wirkung des »Genug« zu stören. In der vollen Schaffensseligkeit malte ich meine »Poesie«, ein, wenn auch teilweise fehlerhaftes, doch innerlich so tief empfundenes Bild, dass die äußerlichen Mängel gegen den Seelengehalt vielleicht zu übersehen gewesen wären. Ich wollte in dieser einen Gestalt das

---

[11] Brief des Herrn Akademiedirektors Schirmer an Anselm Feuerbachs Mutter vom 26. Dezember 1855, in welchem der Kopie der Assunta das höchste Lob als einem »Meisterwerk« gespendet wird.

alte Italien verkörpern, wie es vor meiner Seele stand. Wie hätte ich diese Gestalt anders nennen können als Poesie?

Die äußerliche Veranlassung zu diesem Werke war die Verlobung unseres fürstlichen Herrn. Ich wollte das Beste, was ich vermochte, als Huldigung darbringen, ohne alle Nebengedanken, in ehrlicher Treue und Ergebenheit. Leider wurde dies der Wendepunkt in meinem Leben durch falsche Auslegung und ungerechtes Urteil.

Meine spätere Bitte um Fortsetzung der Pension, sei es für Italien oder für Deutschland, ward verneint, und dies war das Ende meines venezianischen Aufenthaltes.

Briefauszüge

1. September 1855

»Seit vorgestern bin ich wieder hier. Das Alleinsein kommt mir seltsam und schwer vor.

Ein echt venezianisches Gewitter, welches endlich die heiße Luft niedergekämpft hat – ich dachte dabei an Manzonis Promessi sposi – rumorte die ganze Nacht hindurch und donnert noch in den stillen Sonntagmorgen herein. Tiefe Einsamkeit! Doch sie ist mir willkommen, diese Einsamkeit.

Ich habe ein kleines reizendes Zimmer, Aussicht über grüne Bäume hinaus auf das Meer, den Markusturm und ein kleines Stückchen Dogenpalast. Mir ist sonderbar zumute, voll Unruhe, halb freudig, halb betrübt. Ich konnte heute nicht essen vor innerlicher Bewegung. Meine zukünftigen Bilder haben sich meines armen Kopfes bemächtigt; sie herrschen und wollen heraus.

Du weißt, was für ein lächerlich guter, aber reizbarer Mensch ich bin. Dass ich mich aussprechen kann, ist noch mein größtes Glück.«

2. November

»Mein Leben ist mir manchmal wie ein Traum. Wie kommt es doch, dass meine Bilder so fest und unberührbar dastehen und ich bin wie ein schwankendes Rohr? Oft sehe ich hundert Jahre voraus und wandle durch alte Galerien und sehe meine eigenen Bilder in stillem Ernste an den Wänden hängen. Ich bin zu Großem berufen, das weiß ich wohl. Zur Ruhe werde ich erst im Tode kommen. Leiden werde ich immer haben, aber meine Werke werden ewig leben.«

14. November

»Mit einiger Wehmut habe ich heute gelesen, dass Knaus die goldene Medaille in Paris erhalten hat. Mich hält man hier wie einen unfolgsamen Schüler, und ich verdiente so gut wie Knaus die Selbstständigkeit. Ich weiß auch, wie und woher dies kommt. Siehst Du, jener konnte in Paris bleiben; umgeben von gleich strebenden Künstlern, hat er das Heft in der Hand und kann das Beste machen.

Ich habe jetzt für einige Monate Dach und Fach und ein stilles Atelier, einen mäßigen Gehalt, um nach Ablauf einer bestimmten Frist alles aufzugeben und fortzugehen. Fort! Wohin? Ich führe ein Zigeuner- und Nomadenleben. Du wirst mit einiger Überlegung einsehen, dass darin eine Wahrheit liegt. Meine Schuld ist es nicht.

Ich hoffe aber, dass auch meine Stunde schlagen wird. Mein Gemüt ist unverdorben und rein. Schicksal und Leidenschaften haben mir die Blume der Poesie nicht rauben können. Mein Geist ist rastlos tätig, und wenn ich die hinterste Wand wegschiebe, so funkelt etwas durch die Spalten wie viel Licht.«

Februar

»Mit meinen Finanzen geht es nicht gut. Die Einrichtung des Monatsgeldes reicht gerade für das tägliche Leben, aber nicht für die Arbeit, die mir freilich viel teurer kommt und ist als das Leben.

La grande peinture, wie Couture sagt, macht, dass meine Kleider sans couture und knopflos sind, meine Malerei aber besser, als man einem so schäbigen Männlein zutrauen sollte.«

Ohne Datum »Über meine Poesie: Es ist kein Bild nach der Mode; es ist streng und schmucklos. Ich erwarte kein Verständnis dafür, aber ich kann nicht anders. Und wer sich die Mühe nimmt, es lange anzusehen, den wird etwas daraus anwehen, als ob das Bild kein Bild aus unserer Zeit sei. Nur einige Menschen, die das fühlen, und Gott gebe seinen Segen dazu!

Noch einmal die Poesie: Die Zeichnungsfehler? Ja, ich weiß es! Lassen wir sie aber, wie sie ist, die gute Dame. Solche Versehen sind Größeren begegnet, als ich einer bin, an Bildern, die gemalt zu haben ich gerne mein Leben geben würde.

In meinem Atelier sieht es freundlich aus. Mein stiller großer Dichtergarten, in dem sie wandeln wie selige Geister, dann die Poesie, einige Porträts, ein angefangenes Kinderbild usw. Weg, trübe Gedanken! Das Leben ist nur eine Weile, die Kunst aber ist ewig, und was der Mensch einmal wahrhaft empfunden hat, an dem muss etwas sein. Und später, wenn der launenhafte, zaghafte Mensch nicht mehr ist, dann steht die Malerseele rein da in seinen Werken, und niemand wird fragen, wie hat er gelebt und gerungen, sondern was hat er geschaffen.

Wie ich bei meiner großen Lebenslust zu solchen Stimmungen und Gedanken komme, weiß ich wohl; es ist immer eins und dasselbe, und ich schäme mich, es auszusprechen.

Wenn mich die Armut nicht demütigte und zaghaft machte – ertragen wollte ich sie gerne. – Und doch bin ich nicht für die Hütte geboren, sondern für den Palast. Ach – die Mutter Natur hat es gut mit mir gemeint, aber die Zeit und das Schicksal, die bösen Schwestern, werfen mich mit meiner weichen Seele auf harte Pfade.«

5. Mai 1856

»Die Entscheidung von Karlsruhe ist eingetroffen, so, wie ich vorahnend gefühlt habe. Ich lege die Briefe bei, die mich heimatlos machen.[12]

Indem ich dieses schreibe, habe ich die Hand fest auf das Herz gedrückt, und ich wollte, ich wäre bei dem lieben Vater.

Es ist ein scharfes Schwert, das mich getroffen hat, aber tödlich ist die Wunde doch nicht, nur sehr schmerzhaft.

Es gibt auch kein Drama; dazu gehören ihrer zwei, das richtige tragische Schicksal und der richtige dumme Mensch. Der bin ich nicht. Ich schlage mich durch.«

Des anderen Tages
»Ich weiß noch nicht, was ich will, oder was ich soll. Am liebsten reise ich heute nach Hause ab, aber mein Stolz sträubt sich dagegen. Habt ein paar Tage Geduld, und alles wird klar werden.«

---

[12] Brief desselben Herrn [Herrn Akademiedirektors Schirmer. Anm. Re.] und Schreiben des Geh. Kabinettsrat Kreidel in Karlsruhe, beide vom 1. Mai 1856, in welchem Anselm Feuerbach benachrichtigt wird, dass er auf keine weiteren Unterstützungen zu rechnen habe.

Florenz

In später Nachmittagsstunde betrat ich die Tribuna. Da war eine Empfindung über mich gekommen, die man in der Bibel mit dem Wort Offenbarung zu bezeichnen pflegt. Die Vergangenheit war ausgelöscht, die modernen Franzosen wurden Spachtelmaler, und mein künftiger Weg stand klar und sonnig vor mir.

Dass totale seelische Umwälzungen plötzlich eintreten, das habe ich an mir erfahren.

Das erste römische Bild, Dante, und die ganze Reihenfolge der bei aller Strenge doch weichen Werke ist nur der Nachklang jener ersten Empfindung in der Tribuna.

Gottlob, dass ich so gesund war, mich nicht als fertiger Mensch in Italien zu fühlen, sondern dass ich die Kraft hatte, in einer neuen Welt aufgehen zu können. Diese starke Empfindung kann ich nicht anders bezeichnen, als dass es mir war, als hätte ich bisher nur mit den Händen gemalt und nun plötzlich eine lebendige Seele bekommen.

Sollten diejenigen meiner Herren Kollegen, welche alles in der malerischen Erscheinung suchen, es verwunderlich finden, dass ich mir anmaße, neben meiner »schlechtweg Seele« noch eine »Malerseele« zu besitzen, so weiß ich nichts zu sagen als: »Es muss auch solche Vögel geben«.

Nach diesem herzerleichternden Stoßseufzer komme ich auf den eigentlichen Text zurück, auf meine unfreiwillige rasche Abreise von Venedig.

Anfangs wollte ich nach Empfang der erwähnten Briefe sofort nach Hause reisen. Dann aber überlegte ich – was dort beginnen? Karlsruhe war nach erfolgter Abweisung für mich verschlossen, Heidelberg kein Boden für meine Kunst. Berlin, «Wien, Paris forderten gleiche Mittel wie Italien; und in Italien war ich und durfte nur weiter gehen. Ich sagte mir: Heinrich der Vierte meinte: Paris sei einer Messe wert. Brauche ich Raffael und Michelangelo ohne Opfer zu gewinnen? Schließlich wollte es der Zufall, dass der Weg nach der Heimat durch eine Überschwemmung gesperrt war. Die Wasserfluten sind für mich

Schicksalsfluten geworden. Es überschauerte mich bei dem Gedanken: zum ersten Male ohne Mittel, ohne Hilfe und Stütze in die Fremde zu ziehen. Aber es musste eben sein. Unverzagt warf ich mich dem dunklen Schicksal – ich sagte damals: dem Glück in die Arme.

Einige Tage später war ich auf dem Wege nach Florenz, als heimatloser Verstoßener, wie ich mich fühlte, aber als hoffnungsvoller Kunstjünger, wie der landesübliche Sprachgebrauch meine damalige Situation mit milder Umschreibung kennzeichnete.

Briefauszüge

17. Mai 1856

»Nach den vielen letzten Briefen, die ich Dir hätte ersparen können, wenn ich nicht selbst rat- und hilflos gewesen wäre, halte ich es für meine Pflicht, Dir meine Ankunft in dem sonnigen Florenz zu melden. Durch die Hochwasser aufgehalten, war ich sechs Tage unterwegs. In Padua, wo ich deswegen liegen bleiben musste, ließ ich meine Locken scheren; es hat aber, umgekehrt wie bei Simson, meine Kraft gestärkt, und die hiesige Luft scheint auch Wunder an mir tun zu wollen.

In Padua habe ich Zeit gehabt, manche Stunde auf dem grünen Stadtwall zu liegen, von verschiedenen Empfindungen nicht durchbebt, sondern durchschüttelt. Es war wieder wie so manches liebe Mal in Venedig, namenloser Schmerz und dunkle, verhüllte Freudigkeit, ohne dass ich weder für das eine noch das andere Grund und Namen anzugeben wüsste. Ich denke, es soll das letzte Mal sein, dass Vergangenheit und Zukunft sich auf so widersprechende Weise in mir wunderlichem, weichem Menschen vermengen. Man sagt, die Not macht hart. Nun sie wird genug an mir zu kneten haben. Einen Teil meiner Sentimentalität in Padua hat ein Besuch in Parma bei dem göttlichen Correggio auf dem Gewissen. In meiner großen Angegriffenheit war es mir, als sähe ich Musik mit den Augen, anstatt sie mit den Ohren zu hören. Der Wohllaut des Kolorits hüllte mir die Sinne ein.

In Bologna habe ich, wie einst mein Vater, vor der heiligen Cäcilie gestanden. Dann fuhr ich vierzig Miglien lang durch das Hochgebirge der Apenninen. – Wie schön das klingt – eine Gegend, deren grauenhafte Öde und Verlassenheit sich mit Worten nicht beschreiben lässt. Mich aber hat diese Fahrt sehr ruhig gemacht.

In derselben Mondnacht, unmittelbar nach der Ankunft, bin ich einsam durch Florenz gegangen, und mein guter Stern führte mich über alle die bekannten Straßen und Plätze, die mir jetzt, wo ich sie zum ersten Male mit meinen leiblichen Augen sah, traumhaft fremd erschienen. So kam ich auf die Piazza del gran Duca, wo die kolossalen weißen Marmore herüberleuchten; ich erkannte neben einem rauschenden Brunnen den David des Michelangelo und den Perseus des Benvenuto; dann kam ich unter freie Loggien und sah lange in den Arno hinab. Es mag sein, dass das Wunderliche meiner Verhältnisse mit dahin gewirkt hat, mir diese Nacht so ernst in die Seele zu schreiben.

Gestern war ich in dem Palast degli Uffici, und da hat mich die träumerische Schönheit, die weiche Schwermut und diese unaussprechliche Vollendung so ergriffen, dass ich die Galerie sofort verlassen musste, weil mir die Tränen unaufhaltsam herunterliefen. Ich schäme mich dessen nicht. Wie musste es einem Menschen zumute sein, wenn er das vor Augen sah, wonach er sich sein ganzes Leben hindurch sehnte, und was er annähernd in sich selber hätte erreichen mögen und können, wenn – ja wenn!

Doch stille davon. Dass ich in solcher Weise erschüttert werden konnte, habe ich früher nicht geahnt, und heute noch im Palast Pitti dasselbe, und zu Hause und überall diese Schauer. Gott möge meine Schritte lenken und mir Kraft geben, das alles zu ertragen wie ein Mann.

Was meine Verhältnisse betrifft, so weißt Du, wie es steht. Natürlich ist vorderhand jede Rückkehr unmöglich. Ich sollte und musste in Italien bleiben und ich hoffe auch, da zu sterben. Dass ich heute noch keinen Überblick habe über das, was ich zunächst beginnen will, soll und kann, wirst Du begreifen. Ich muss mich erst sammeln und Kraft zur Überlegung gewinnen. Dass ich mich wohlfühle, kann ich nicht sagen, aber das wird vorübergehen. Meine Stunden sind noch nicht gezählt.

Beruhige Dich vorerst und sage Dir: Anselm ist frei, und er ist in Italien.«

Anfang August

»Ich kann Dir endlich sagen, dass meine Sachen in Ordnung sind und ich ungefähr noch anderthalb Monate in Florenz zu bleiben gedenke. Mit beginnendem Herbst werde ich dann wohl jedenfalls nach Rom gehen. Ich habe einige angefangene Arbeiten mitgebracht, und das inzwischen eingetroffene Geld reicht hin, dieselben schön zu vollenden. Das eine Bildchen ist eine Waldszene, das andere eine Madonna mit dem einschlafenden Kinde. Ein Engel musiziert dazu.

Es sind Bekannte von mir aus Venedig nachgekommen, und ich bin nicht mehr allein, was gut für mich ist. Die großen Gemütserschütterungen nagen an meiner Gesundheit. Es hat sich auch ein deutscher Arzt meiner angenommen, wofür ich ihm stets dankbar sein werde. Ich brauche zugleich Ruhe und etwas Zerstreuung.

Etwas ist mir hier plötzlich klar geworden, was ich früher nie ins Reine bringen konnte. Ich habe mich oft gefragt. Was ist es eigentlich, das die Alten so groß gemacht hat, und warum ist im kalten Deutschland ein so ausbündiger Idealismus bei so verschwindender Leistung? Die Lösung liegt hier in Italien klar und offen. Es ist so: Der deutsche Künstler fängt mit dem Verstande und mit leidlicher Fantasie an, sich einen Gegenstand zu bilden, und benützt die Natur nur, um seinen Gedanken, der ihm höher dünkt als alles äußerlich Gegebene, auszudrücken. Dafür nun rächt sich die Natur, die ewig schöne, und drückt einem solchen Werke den Stempel der Unwahrheit auf. Der Grieche, der Italiener hat es umgekehrt gemacht; er weiß, dass nur in der vollkommenen Wahrheit die größte Poesie ist. Er nimmt die Natur, fasst sie scharf ins Auge, und indem er an ihr schafft und bildet, vollzieht sich das Wunder, welches wir Kunstwerk nennen. Das Ideal wird zur Wirklichkeit und die Wirklichkeit zur idealen Poesie. So etwas kann man nur in Italien lernen und begreifen.

Eine Ahnung hiervon ist von Anfang an in meiner Natur gelegen, jetzt hat sie Gestalt gewonnen und ist zur schönen Gewissheit geworden.

Diese Ahnung aber ist halb verkörpert in dem verachteten und verschmähten Karlsruher Bilde, in meiner Poesie, sichtbar; deswegen liebe ich es trotz aller seiner Fehler und trotz seiner Verbannung in die Rumpelkammer der Karlsruher Galerie.

Und nun zum nächsten. Du hast mir vorwärts geholfen; ich darf nicht fragen wie, wenn ich nicht den Mut verlieren will. Alles deutet und winkt nach Rom. Meine Bekannten warten auf mich; sie würden ohne mich nicht reisen. Wir werden, denke ich, in der zweiten Hälfte September reisen. Wir haben uns das Wort gegeben, uns gegenseitig zu helfen. Reich ist keiner von uns. Wohnung und Atelier wird geteilt. Man verdirbt nicht, wenn man zu zweien oder dreien ist, das ist klar. Beherzige das wohl und sorge nicht zu viel.

Eigen ist es mir freilich zumute, so wie man etwa in einem halb ängstlichen, halb freudigen Traume befangen liegt, der schon ganz durchsichtig ist, und aus dem man doch nicht erwachen kann.

Wie anders hatte ich mir diese Reise in das gelobte Land gedacht! Hell, heiter, zuversichtlich, geordnet; – und nun bin ich ein landfahrender Abenteurer, dem Zufall preisgegeben. – Das ist mir nicht an der Wiege gesungen worden, und ich gestehe, dass ich schwer daran trage.

Mein bester Trost ist der Gedanke an die Heimat. Glaubt mir, das grüne Plätzchen an der Efeuwand ist etwas wert, auch neben Italien.

Gute Nacht, lebt wohl, mein nächster Briefe meldet die Abreise von Florenz.«

Rom

Die erste Nacht auf der Reise nach Rom ist mir in der Erinnerung gleich einem Traume, dessen kleinste Umstände sich dem Gedächtnisse haarscharf eingeprägt haben.

Spät am Abend des 30. September schifften wir uns in Livorno ein. Es war eine dunkle, stürmische Nacht. Als wir den Hafen verließen, schien es mir, als führen wir in einen pechschwarzen Himmel hinein, während die See heulend und donnernd das Schiff in die Höhe und Tiefe schleuderte. Ich war völlig frei von Seekrankheit und saß die Nacht über auf dem Verdeck in der Nähe der schwarzen Kamine in einem Gefühl von unbeschreiblicher Ruhe. Ich unterhielt mich bis nach Mitternacht mit zwei hannoverschen alten Herren über Kunst und Italien. Als sie gegangen waren, blieb ich allein, und es war mir nachher, als hätte mein Vater mit mir gesprochen, und ich hätte ihm lieb und verständig geantwortet.

Des Morgens sah ich die Sonne aufgehen über den funkelnden, tanzenden Wogen, und die Küste, der wir entlang fuhren, lag da in all ihrer Schönheit. Ich fühlte mich unwohl und kam des Abends an in heftigem Fieber.

So war ich denn in Rom, und der Beginn des dortigen Aufenthalts war so schwer für mich, dass ich nicht gerne an jene Zeit denke und noch viel weniger jetzt darüber schreiben möchte; denn wenn man den Namen Rom nennt, ist es unrichtig, an vorübergehende kleinliche oder gar hässliche Dinge zu erinnern. Ich übergehe die damaligen Sorgen und Nöte, die Kämpfe meines törichten jungen Herzens mit Stillschweigen und will nur in einigen eng umrahmten Sätzen hier niederlegen, was Rom mir für meine Kunst geworden ist.

Wenn einst ein Größerer dieselben Wege wandelt, so möge er meiner gedenken.

Ich hasse das Märtyrertum von Grund meiner Seele; sollte es aber sein, dass ich dazu verurteilt bin, so segne ich doch den Boden, der mich dazu geführt hat.

Rom, dieser gottbegnadeten Insel des stillen Denkens und Schaffens, habe ich so viel zu danken. Es ist mir in Wahrheit eine zweite Heimat geworden; und immer, wenn mein künstlerisches Denkvermögen in Deutschland brachgelegt wurde, durfte ich nur die italienische Grenze überschreiten, und eine Welt von Bildern stieg in mir auf.

Bei einfacher Lebensweise erinnere ich mich während eines Zeitraumes von beinahe siebzehn Jahren kaum eines körperlichen Unwohlseins.

Die Luft, in der ich atmete, half mir die Schwierigkeiten leichter tragen, welcher jeder Fremde, der mittellose in zehnfachem Grade, zu überwinden hat.

Mein reizbares Wesen wich einer angeregten Ruhe, die mich fortan auch in Gefahren nicht verließ.

Ich fing an, das Alleinsein zu lieben, das ich früher so schwer ertragen hatte. Meinen Bekannten, die sich über diesen Hang beunruhigten, führte ich zu Gemüte, dass ich mich nie langweile, außer in langweiliger oder schlechter Gesellschaft.

Es ist eine alte Erfahrung, dass der Deutsche in Rom sich aller Romantik entkleiden muss. Rom weist einem jeden diejenige Stelle an, für die er berufen ist. Eine heiße und klare Sonne beleuchtet diese Trümmer im schärfsten Detail, sodass unser so leicht fantastisch erregtes Gemüt oft sehr derb an die Wahrheit anrennt und sich nicht selten daran stößt, wie sie denn überhaupt fast immer eine bittere Arznei ist.

Das, was wir Poesie nennen, können wir nicht brauchen; es kommen Zeiten der Ratlosigkeit und Niedergeschlagenheit; doch nach und nach wachsen die empfangenen Eindrücke in der Seele und füllen sie aus; dieselbe Sonne beginnt unser Inneres zu beleuchten und zu erwärmen. Ich habe dies an mir selbst erlebt. Mit unverdorbenem Herzen, unklar aber bildungsfähig, war ich nach Rom gekommen. Raffaels und der Antike Schönheit, auf deutschen Kathedern vorgetragen, in deutschen Kunstgeschichten niedergeschrieben, war auf mich nicht angewendet. Vielleicht gerade deshalb, weil meine Natur wahrhaftig war, musste mir das verschlossen bleiben, wofür man jetzt schon in den Kinderschuhen schwärmt.

Um so kräftiger und unwiderstehlicher war das Erwachen des neuen Geistes in mir. Schon in Venedig verkündigte sich das Tagesgrauen, in Florenz brach die Morgenröte herein, in Rom aber vollzog sich das Wunder, welches man eine vollkommene Seelenwandlung und Erleuchtung nennen kann – eine Offenbarung.

Der lange römische Aufenthalt ist eine Zeit fortwährenden passiven Widerstandes gegen moderne Oberflächlichkeit und Existenzsorgen für mich gewesen; zwei Feinde, von denen einer stark genug ist, die Künstlerseele zu entmutigen. Von der Heimat geächtet und verbannt, kann ich das Rätsel des Nichtverkommenseins nur in meinem biegsamen und doch starken Naturell gelöst finden, oder besser, die Rasse hat mich gerettet und – die Kunst.

Sollte ich alle die Stunden stiller Schöpfungsfreuden schildern, die ich in Rom genossen, würde dieses Buch nicht ausreichen. Was ich konnte, und was ich zu lernen hatte, wusste ich genau, und demgemäß habe ich zum Erschöpfen eines Gegenstandes unendliche Studien als notwendig erachtet. Dass mir bei Bildern wie die Iphigenie und die Kindergruppen eine einzige Seite nicht genügend dünkte, ist der Grund, weshalb viele in der Auffassung sich ähnelnde Werke eines und desselben Grundgedankens periodenweise entstanden, welche doch, jedes für sich betrachtet, ein in sich abgeschlossenes Ganzes darstellen.

Von dieser Strenge datiert sich die Erscheinung, dass an den besten meiner Bilder nicht ein Jota zu ändern ist und die meisten den Gegenstand erschöpfen, während bei vielen modernen Malern gewöhnlich alles eben so gut auch anders sein könnte.

Ich habe mich immer bemüht, typisch und jeder Konvention ferne zu bleiben.

Meine anfängliche Formlosigkeit erfüllte mich mit Entsetzen. Unermüdliche Mache bei strengster Beobachtung haben es dahin gebracht, dass ich die kleinsten Mängel auf den ersten Blick leicht erkenne.

Eine genialisierende Eitelkeit habe ich nie gehabt, und was ich nicht fühlte, habe ich nicht gemalt.

Alle meine Werke sind aus der Verschmelzung irgendeiner seelischen Veranlassung mit einer zufälligen Anschauung entstanden. Das Ausgabebedürfnis war so stark, dass immer zuerst die Gestalten da waren, ehe ich den richtigen Namen für sie fand.

Der Ursprung meiner Pietà war auf den Stufen der Peterskirche gefunden: eine Frau vom Lande, ob schlafend oder weinend, wusste ich nicht.

Hafis am Brunnen heftet sich an eine mit wilden Rosen überrankte Mauer zwischen Baden-Baden und Lichtental.

Bei dem Symposion war die bacchische Gruppe des Alkibiades lange schon vorhanden; erst bei dem Suchen eines ihr entsprechenden Gegengewichtes fiel mir in plötzlicher Eingebung das Gastmahl des Platon ein.

Auch bei den Titanen war wieder der lachende Poseidon die Figur, welche mir zuerst vorschwebte, und an die sich dann unmittelbar die übrige Komposition rhythmisch anreihte.

Gewisse Haltungen und Bewegungen habe ich jahrelang mit mir herumgetragen, ehe sie Verwendung fanden.

Ich muss es noch einmal wiederholen: wer nach Rom kommt und sich einbildet, Form zu haben, der wird, wenn er ein einsichtiger Mensch ist, alsbald finden, dass er von Neuem sehen lernen muss.

Das deutsch-romantische Gemüt steht hier der vollkommen positiven Erscheinung gegenüber, über welche die Phrase keine Macht hat.

Im Positiven die Poesie festzuhalten, scheint mir die Aufgabe des Künstlers zu sein.

Man pflegt mich einen Idealisten zu nennen, und doch hat vielleicht kein jetzt Lebender so viel und stets nach der Natur gearbeitet. Eine schablonenhafte Handschrift, Schönschreiberei sich anzugewöhnen, mit der man alles schreibt und nichts sagt, war mir von früh an ein Gräuel.

Die Schreibseligkeit in der Kunst habe ich nur in der ersten Jugend getrieben. Alsdann, nachdem ich die Macht der natürlichen Erscheinung erkannt hatte, war ich mir auch sofort bewusst, dass ich mehr als andere zu studieren habe, um der

Natur gegenüber den heiligen Respekt zu bewahren und mich zugleich a forza del lavoro zur Gedankenfreiheit aufzuschwingen.

Der wahre Stil kommt dann, wenn der Mensch, selbst groß angelegt, nach Bewältigung der unendlichen Feinheiten der Natur, die Sicherheit erlangt hat, in das Große zu gehen.

Mit einem Worte: Stil ist richtiges Weglassen des Unwesentlichen.

Der sogenannte Realist bleibt immer im Detail stecken. Realismus ist die leichteste Kunstart und kennzeichnet stets den Verfall. Wenn die Kunst das Leben nur kopiert, dann brauchen wir sie nicht.

Es ist ein Glück zu nennen, dass ich die Kompositionsseligkeit in jungen Jahren erschöpfte, ein noch größeres, dass ich, früh angeregt durch die nordische Mythologie, die Nibelungen und was damit zusammenhängt, überhaupt den Germanismus, welcher dazu gemacht scheint, den Künstler zu falschem Pathos zu verleiten, dass ich, sage ich, diese Kinderkrankheit mit den Masern ausschwitzte und schon in der letzten Düsseldorfer Zeit mich an den Griechen versuchte, woraus folgte, dass ich später immer zuerst den Menschen sah und dann erst die Kleider.

Vor dem so sehr gebräuchlichen Kompositionspathos bietet das frühe Modellzeichnen nach dem Leben den sichersten Schutz, die einzige solide Grundlage, auf welcher die Fantasie später weiter bauen darf.

Noch heute hat der akademische Zopf nicht begriffen, dass dem Antikenzeichnen das Aktzeichnen vorangehen muss, indem die Antike selbst nur der ideale Ausdruck des vollkommenen Studiums der Natur ist, oder einfacher ausgedrückt: Ehe man Antiken zeichnet, muss man die menschliche Form verstehen.

Wir leben in einem Jahrhundert, welches, was die Kunst betrifft, hauptsächlich der Mittelmäßigkeit huldigt.

Als meine Arbeiten hie und da einiges Aufsehen, sei es in unliebsamer oder gefälliger Art, zu machen begannen, so war es einzelnen Kunstrichtern geläufig, mich einen deutschen Autodidakten zu nennen.

Ich protestiere feierlich gegen eine solche Unwahrheit. Was ich geworden, habe ich zunächst den modernen Franzosen vom Jahre 48, dem alten und jungen Italien, und dann allerdings auch mir selbst zu danken. Den Deutschen bleibt das Verdienst, mich immer schlecht behandelt zu haben.

In den ersten Jahren meines römischen Aufenthaltes war es herrschende Ansicht in Deutschland, dass der Maler nicht malen dürfe. »Körperloser Geist« war die Parole des Tages.

Cornelius und Overbeck, auch Kaulbach wurden von einer Armee schreibseliger Bewunderer, die es mitunter nicht umsonst taten, auf dem Schild getragen. Man fand vor lauter großartiger Begeisterung nicht die Zeit, einen Kopf oder eine Hand zeichnen zu lernen. Wozu auch? Es war viel geistvoller, solches nicht zu können. Die unmöglichen Arme und Beine, die Gewänder, unter denen nichts steckte, waren untrügliche Zeichen des Genies.

Mich schalt man damals einen unverbesserlichen Koloristen.

Wie immer im Leben folgte dieser extremen Ausartung auf dem Fuße die Reaktion, und man stürzte sich kopfüber in den dekorativen Farbentopf der verderblichen Theater- und Novellenmalerei. Der wahnwitzige und wahnselige Dekorationsschwindel ist ohnehin das fressende Gift, welches die Kunst verzehrt.

In der letzten Zeit meines Pariser Aufenthaltes schon ahnte mir nichts Gutes. Es schlich damals ein Repräsentant der jetzigen dekorativen Theaterempfindung in den Museen herum. Bald sah man ihn in Cluny ein altes Himmelbett kopieren, bald spukte er vor dem Herzog von Guise und den Söhnen Eduards von Delaroche.

Der Stern, welcher damals in Coutures Römern aufzugehen schien, wurde übersehen, und die roten Trikothosen des Delaroche wurden im Triumphe nach Deutschland eingeführt. Als man mit der Zeit Mut fasste, da man sah, wie leicht das Publikum sich nach der Windfahne drehte, so griff man kühn nach der französischen Spachtel und nannte dies »Breite des Vortrags«. Ja, man wagte sich selbst an die römische Geschichte und übersetzte den David ins Deutsche.

Mich haben diese Wandlungen eigentlich weniger berührt, als man hätte glauben können. Solange ich in Rom war, bekümmerte michs nicht, wie die Wellen in Deutschland kamen und gingen. Ich war in sicherer Obhut! Und als ich später jährlich die Heimat besuchte, da war ich durch das Bewusstsein des unveräußerlichen Schatzes in meiner Seele gefeit gegen müßiges Geplauder der Menschen und Zeitungen, und schlechte Bilder zu sehen, habe ich stets gerne vermieden.

Ich komme auf den mir unliebsamsten Teil meiner künstlerischen Bekenntnisse, auf das Schicksal meiner römischen Bilder in Deutschland, um, was ich bereits im Allgemeinen angedeutet, im Einzelnen nachzuweisen.

Wenigen Künstlern wird es so schwer geworden sein, zu später und unfreiwilliger Anerkennung in ihrem Vaterlande zu gelangen, als mir. Es schien hergebrachte Sitte, in meinen Arbeiten nur auf die Fehler zu fahnden und das Gute geflissentlich zu übersehen. Man wehrte sich gegen meine Kunst wie gegen ein gemeinschädliches Übel. Was ich auch brachte, nichts war recht, und jede Entwicklungsperiode, welcher der Kenner sonst mit besonderem Interesse nachzugehen pflegt, ward mir als falsche Richtung, als Rückschritt ausgelegt.

Als ich bei dem Übergange in die große Historie um des plastischen Vortrags willen einen etwas knapperen Ausdruck in der Farbe wählte, welcher jedoch in der Behandlung dem Gegenstande ganz auf den Leib gepasst war, da wurde die vernichtende Bezeichnung »graue Periode« erfunden, welche auch jetzt noch in dem Bewusstsein meiner gestrengen Kritiker nicht ganz erloschen ist.

Wären die Folgen nicht so verhängnisvoll für mich gewesen, so würde dieser dauernde Rückschritt, in welchem ich mich, nach der Ansicht der deutschen Kritik, eigentlich mein ganzes Leben hindurch befand, und bei welchem ich doch immer vorwärts kam, seine sehr ergötzlichen Seiten gehabt haben.

Mit Ausnahme des Zeitraumes von 1863 bis 1867, in welchen die Bestellungen des Herrn Baron v. Schack fielen und deshalb wenige meiner Arbeiten in die Öffentlichkeit kamen, wurde jedes auf deutschem Boden ankommende Bild von Anselm Feuerbach entweder mit einem Sturm der Entrüstung oder mit mitleidigem Achselzucken aufgenommen. Hatte dasselbe dann später die Traufe der kritischen Journale und Zeitungsberichte überdauert, so fing man an, es leidlich interessant zu finden und, falls inzwischen ein noch neueres Werk des leider sehr fruchtbaren Künstlers seinen Bußgang angetreten hatte, sogar schön. Auf solche Weise hat sich allmählich mein Ruf in Deutschland befestigt.

Ich habe dieses Schwanken der kritischen Wage über zwanzig Jahre ausgehalten, und ich möchte gerne den Kunstvereinen und Ausstellungskommissionen heute meinen besonderen Dank dafür abstatten.

Bei Durchsuchung alter Papiere fand sich ein mächtiges Paket Briefe von deutschen Ausstellungsbehörden an meine Mutter gerichtet und den genannten Zeitraum genau umfassend. Der Inhalt sämtlicher Zuschriften ist folgender:

»Die Bilder Ihres Herrn Sohnes sind wohlverpackt an Ihre werte Adresse abgegangen. Hochachtungsvollst.« Ein großer Teil dieser Sammlung gehört Berlin an, wo ich allerdings schon vom Jahre 1852 an hartnäckig und unermüdlich die Ausstellungsräume mit der ganzen Reihe meiner Hauptbilder bevölkert habe, ohne jeglichen Erfolg.

Wird die Nachwelt es glauben, dass, während ich heute an diesen Blättern schreibe, meines Wissens kein Kunstverein ein Bild von mir erworben hat, und dass nur zwei Staatsgalerien, die in Karlsruhe und jene in Stuttgart, ihre Räume für Werke von meiner Hand eröffnet haben? Die eine widerwillig auf hohen Befehl, die andere, weil es ihr gelang, meine zweite Iphigenie »wegen ihrer Zeichnungsfehler« um überaus billigen Preis zu erhalten.

Wirklichen Erfolg habe ich nur zweimal in meinem Leben gehabt, und zwar – fast komischerweise und gewiss nicht auf Veranlassung der Ausstellungskommissionen – bei Gelegenheit der Münchener internationalen Ausstellungen vom Jahre 1863 und 1869 durch meine Pietà und mein erstes Gastmahl, welches Letztere eine kunstverständige Dame aus der Meute aufgeregter Kritikerscharen mit wohltätiger Hand errettete und mich selber dazu aus schwierigen, bedenklichen Verhältnissen. Es war die Malerin Fräulein Röhrs aus Hannover.

Dass ich nicht Vermögen sammeln konnte, ist selbstverständlich, da die meisten meiner Bilder zehn bis zwanzig Jahre zehrendes Kapital waren. Mangel habe ich in den letzten zehn bis zwölf Jahren nicht gelitten, und meiner Kunst hat es nie an einer würdigen Stätte gefehlt, da ein Helfer in der Not vorhanden war, ein deutscher Bankier, welcher genug Glauben an die Kunst und an mich besaß, um mich in schwierigen Zeiten nicht darben zu lassen. An meinen letzteren großen Arbeiten gebührt Herrn Wilhelm Köster in Frankfurt a. M. ein großes Verdienst.

Mein erstes römisches Bild, »der Dante«, hatte schon bei seiner Entstehung ein besonderes Schicksal und ist Ursache geworden, dass es mir so schwer ward, in Rom festen Boden zu gewinnen. Es war dieses Bild auf Bestellung eines in Rom wohnenden deutschen Herrn gemalt, dessen finanzielles Verhalten mich bestimmte, dasselbe zurückzunehmen, wobei ich vollkommen in meinem Rechte war; demungeachtet habe ich unklug gehandelt und schwer dafür gebüßt, indem mir mehrere Jahre lang die Annäherung von Fremden dadurch entzogen blieb. Möglicherweise würde sich in meinem Leben vieles anders gestaltet haben, wenn ich im Beginn meiner künstlerischen Laufbahn jene Unvorsichtigkeit nicht begangen hätte.[13]

Das Dantebild wurde zu meiner großen Beruhigung und Dankbarkeit im Dezember 1859 von S. K. H. dem Großherzog von Baden gekauft und in dem großherzoglichen Schlosse untergebracht, um nach einer Reihe von Jahren mit der früher erwähnten »Poesie« in die Karlsruher Galerie aufgenommen zu werden.

Da ich nur von meinen bedeutenderen Werken sprechen will und die kleineren Arbeiten mit Stillschweigen übergehen werde, so erwähne ich sofort der im Jahre 1860 entstandenen Kindergruppen: »Ständchen« und »Balgende Buben« – nicht zu verwechseln mit einem Kinderständchen vom Jahre 1858 – dann aber

---

[13] Herr von Landsberg, welcher die in Rom anwesenden Fremden zu musikalischen Soireen bei sich versammelte.

ganz besonders eines meiner Lieblingsbilder »Le reveil« genannt, welches mir heute in der Erinnerung noch teuer ist. Das Christuskind auf dem Schoße der Mutter, eben erweckt durch musizierende Kinder; Rundbild mit Aussicht auf eine offene Kampagna.

Selbstverständlich verfielen diese Bilder dem gemeinsamen Schicksal ihrer Geschwister, bis einer meiner Freunde sich der Madonna erbarmte, die balgenden Buben ein unbekanntes Unterkommen in der Schweiz fanden und das Ständchen, wie bereits früher erwähnt ward, mit dem Hafis in der Schenke vor nicht langer Zeit nach Karlsruhe übersiedelte. Ich kann es nie verschmerzen, dass die beiden zusammengehörigen Kindergruppen durch ein hartes Schicksal auseinandergerissen wurden.

In den Jahren 1861 und 1862 sind neben einer Reihe von bedeutenden Studienköpfen die erste »Iphigenie« und »Ariost am Hofe von Ferrara« entstanden. Dieses letztere Bild war es, glaube ich, welches zuerst die Aufmerksamkeit des bekannten Kunstmäzens Baron v. Schack auf mich lenkte. Als dann im Jahre 1863 meine Pietà auf der Ausstellung in München erschien, erwarb er sofort die beiden Bilder und eröffnete mir für eine Reihe von Jahren eine verhältnismäßig sorgenfreie Tätigkeit. Wie es mir ohne dieses Dazwischentreten ergangen wäre, weiß ich nicht zu sagen. Es war meine schlimmste Periode, und ich hatte alle Ursache, sehr dankbar zu sein. Dass dies sich so verhielt, war freilich auch wieder ein eigentümliches Zeichen für unsere Zeit. In den Tagen der Kunstblüte war die Dankbarkeit zwischen dem Künstler und Besteller geteilt.

Es entstand nun allmählich die bekannte Reihe von genreartigen Szenen, die für mich ein nach allen Seiten erfreuliches und förderliches Arbeitsfeld geboten haben würden, wenn ich zugleich als Mittelpunkt eine große historische Idee hätte hegen und bilden dürfen, nach welcher mein ganzes Wesen mit einer fast schreckbaren Glut strebte. Dagegen aber stellte sich die Abneigung meines Gönners und Auftraggebers, welcher mich entschieden davon zurückzuhalten gedachte.

Schon jahrelang stand das Gastmahl des Platon in meiner Seele. Ich fasste mir ein Herz, um Herrn Baron v. Schack meinen

Wunsch zu eröffnen. Es war dies im Jahre 65, und er zeigte sich bereit, auf die Idee an und für sich einzugehen, aber nur unter der Bedingung, dass das Bild in Drittels-Lebensgröße ausgeführt würde. Hierzu wollte ich mich nicht verstehen; ich konnte nicht. Das Bild war groß empfunden und gedacht; es musste groß ins Leben treten oder gar nicht.

Ein Briefentwurf an Herrn Baron v. Schack, datiert 6. März 1866, welcher mir kürzlich durch Zufall in die Hände kam, hat mir diesen Vorgang wieder lebhaft vergegenwärtigt. Es ist darin die Rede von innerer Entwicklung, von monumentalen Taten, von Erlösung des Talents und vom Triumph der Kunst, und wird zuletzt versucht, Herrn Baron v. Schack zu überzeugen, dass über die Dimensionen gewisser Bilder nicht das Belieben des Bestellers oder des Künstlers, sondern die Natur des künstlerischen Gedankens entscheiden müsse.

Mit so viel jugendlicher Torheit und künstlerischer Weisheit konnte niemand als Anselm Feuerbach im Jahre des Heils 1866 einem so einflussreichen Freund und Förderer der Kunst, wie Herr Baron v. Schack sich erzeigte, gegenübertreten. Die Lektüre dieses Briefes hat mir wirkliche Erheiterung gewährt. Ob derselbe so oder anders geschrieben abgeschickt wurde, ist mir nicht mehr erinnerlich. Jedenfalls ließ die Wirkung nichts zu wünschen, d. h. nichts zu hoffen übrig.

So kam denn endlich nach längerem stillen Kampfe der Moment, wo unsere Wege auseinandergingen. Herr Baron v. Schack war in seinem vollen Rechte als Kunstliebhaber, ich war es auch im Drange meines Talents. Von meinen Bildern für die Schacksche Galerie waren die in den ersten Jahren eingelieferten die besten und freudigsten. Dies ist bezeichnend. Ich denke mit ungeschmälerter Anerkennung und uneigennützigem Bedauern an diese Vorgänge zurück, doch ohne Reue. Ich konnte nicht anders.

Die bestellten Gemälde reichten bis zum Jahre 68. Ich war zu dieser Frist schon tief in meine Arbeit versenkt, da ich das Gastmahl auf eigene Rechnung begonnen hatte. Eine kleine Bestellung von Paris, eigens zu diesem Zwecke gemacht, half über die Vorbereitung hinweg. Eine Kollektion kleinerer Bilder, Bianca

Capello, Mandolinenspieler, zwei Frühlingsbilder, Lesbia usw. gingen nach der Heimat, um das Atelier zu räumen.

Auf der Münchener Ausstellung vom Jahre 69 erschien das Symposion in der Öffentlichkeit. Wie die Kritik nach langer Pause mordlustig darüber herfiel, wird den meisten Lebenden, welche für Kunst Interesse haben, noch im Gedächtnisse sein. Friedrich Pecht war der Einzige, welcher der Verurteilung entgegentrat. Er schrieb das Wort: »Wir müssen uns schämen«, welches damals wirklich eine Tat war und nicht vergessen werden darf.

Nach dem raschen Erfolge, welchen die hannöversche Dame herbeiführte, tat meine Produktionskraft Wunder. Die Arbeiten überstürzten sich fast, wozu auch die patriotische Aufregung ihren guten Teil beitrug. »Orpheus, die zweite Iphigenie, mehrere Medeenstudien, die große Medea, das Urteil des Paris« – dies alles kam von 70 bis 71 zutage. Die Arbeitslust schäumte über.

Meine beiden großen Gemälde, »Medea« und »Urteil«, wurden in Berlin ausgestellt und unter Kontrolle des Herrn v. Mühler in den letzten Ausstellungsraum, die sogenannte Totenkammer, verwiesen; das Urteil um seiner kleiderlosen Göttinnen willen, die Medea zur Gesellschaft.

Das zweite Gastmahl und die Amazonenschlacht schlossen sich als letzte Glieder der Kette an die römischen Arbeiten.

Von allen meinen größeren Werken besitzt jedes einzelne einen umgebenden Kreis von Studien, Skizzen und kleineren Bildern, gleichsam als dienenden Hofstaat, welcher die Entstehungsgeschichte des Hauptbildes vergegenwärtigt.

Die letzte Medeenstudie, nach meiner Meinung die vollkommen erschöpfende, erschien sogar nach dem großen Bilde. Medea mit der Urne schließt den Zyklus ab.

Die vier letzten großen Werke sind noch auf der Wanderschaft; die in Wien gemalten kleineren Deckenbilder stehen gerollt hinter dem Schranke. Es ist dies mein Acker in spe, auf dem ich mich im Schweiße meines Angesichts einst zu entsündigen gedenke für früheren unmäßigen Leinwandverbrauch.

Ich habe mich vor diesem Abschnitt gefürchtet und bin nun froh, dass er hinter mir liegt. Jedes Inventar erinnert ans Sterben;

– oder sollte das gegenwärtige vielleicht genügend befunden werden für die Unsterblichkeit? –

Es ist noch kurz zu erwähnen, dass ich während meines langen römischen Aufenthaltes mehrmals der Ehre eines Rufes gewürdigt wurde nach Weimar, München, Karlsruhe. Den Letzteren hätte ich gern angenommen. Ein stilles Atelier, sechs alte Bäume in einem grünen Winkel wären mir ein Paradies gewesen. Die Scheu aber vor der akademischen Professur, die mir stets im Wege stand, konnte ich nicht überwinden. Wahrscheinlich wäre es zuletzt ohne Ruf und Amt so weit gekommen, denn ich war auslandsmüde und sehnte mich nach der Heimat; da trat eine neue Wendung ein, die mich aus meiner römischen Stille in das Getriebe einer großen Weltstadt stürzte – nicht zu meinem Wohl und Glück.

Briefauszüge

Dante

Vom 15. Januar 1857

»Ich bin in den Abendstunden in Dantes vita nuova vertieft. Ich sehe, dass die Herzen des dreizehnten Jahrhunderts ebenso ängstlich geklopft haben wie die Unsrigen, dass geistiges Schwanken und Schwärmen den jungen Dichter zu untergraben drohte, und dass der Mann, welcher die Göttliche Komödie schreiben konnte, viel Leiden an Leib und Seele erfahren musste.

Es stehen mir zwei Bilder vor der Seele.»Das zweite Begegnen im neuen Leben« und »Francesca von Rimini« in der Göttlichen Komödie.

Ich lebe in größter Einfachheit; meine Bedürfnisse sind geringer als gering. Ich bin wohl und fleißig; ich male kleine Bilder und Skizzen und gebe sie in eine Kunstausstellung, um sie zu verkaufen. Es ist darunter eine Skizze, die mir recht aus der Seele gewachsen ist, eine Amazonenschlacht bei untergehender Sonne, mit vielen Figuren, feurig und lebendig.

Ein Atelier habe ich noch nicht und kann es nicht halten; ich arbeite in meinem kleinen Zimmer. Wie es mir dabei zumute ist, kannst Du Dir denken. Ist es ein Traum, dass ich den Hafis, den Aretino, die Versuchung und die Tizianische Assunta gemalt habe?«

15. Mai 1857

»In Frascati gewesen. Schöner glücklicher Tag! Dunkle Laubgänge, wandelnde verschleierte Frauen; auf der Fahrt das blitzende Meer, die weite, weiche, dämmernde Campagna! Schöne Gedanken ziehen wie Musik durch die Seele.«

Einige Tage später

»Dante im Garten wandelnd, sprechend mit edlen, schönen Frauen. Die jüngste Tochter Beatrice an seine Schulter gelehnt. Es wird wie ein Andante von Mozart sein. Ich stehe ahnungsvoll an dem Wendepunkt meines Lebens. Wird es kein Traum sein, dass jetzt meine Zeit kommt?

Die Skizze ist kürzlich entstanden. Den Kopf von Dante ganz erfüllt, sah ich wandelnde Frauen im Garten. Durch meine Seele geht ein sanfter Zug, Bild auf Bild. – Plötzlich tritt eines hervor, dann verschleiern sich die andern und weichen zurück.«

12. März 1857

»Ich will diesmal etwas ausführlicher schreiben, und ihr könnt daraus erfahren, dass meine Zukunft mir groß und unverrückt vor der Seele steht; denn die abgeschmacktesten Widerwärtigkeiten, bei denen man sich vor die Stirne schlagen und fragen muss: ist es denn möglich? haben mich keinen Augenblick irremachen können.

Das Jahr in Venedig war wie ein glühender Traum unbestimmter Sehnsucht, hochfliegender Pläne, enthusiastischer Hoffnungen. In dieser Stimmung griff ich, anstatt eine kleine Idee auszubilden, nach dem Höchsten und Schwersten, dessen ich nicht mächtig war; Italien war mir noch ein dämmerndes Paradies. Du kannst Dir denken, was ich meine: die unglückliche

Poesie. Damals war es, als Rahl, nachdem er meine Sachen angesehen hatte, von einem mysteriös musikalischen Geiste sprach.

In Florenz schlug mich das Schicksal nieder. Ihr wusstet es nicht. Ich wurde krank, der Arzt wollte mich nach Deutschland schicken; ich ging nach Livorno, um mich für Rom einzuschiffen. Unter welchen Umständen ich hierher kam, will ich des Näheren nicht berühren. Ihr dürft glauben, dass ich die Feuerprobe bestanden habe.

Die römische Ausstellung ist eröffnet. Es ist keiner da, den ich nicht aus dem Sattel heben könnte; aber ich darf nur ein kleines Köpfchen hingeben, weil es das Einzige ist, bei dem ich Mittel hatte, Natur zu nehmen. Alles andere, darunter drei Madonnen, musste als Fragment auf meinem Zimmer bleiben. Wie lange wird es noch dauern, dass ich mit Tränen des Zorns und der Pein an den Ateliers meiner Bekannten vorübergehen muss? Ich habe Schritte nach außen getan, will aber vor der Hand schweigen, um nicht Hoffnungen zu erwecken, die nur aufsteigen, um zu verschwinden.

Könnte ich es machen wie der Hofmaler G., so würde es vielleicht besser gehen. Wenn er in der Patsche sitzt, schreibt er an seinen fürstlichen Gönner: »er müsse sich in die Tiber stürzen«. Wäre ich an seiner Stelle, ich würde lieber meine Bilder hineinwerfen.«

Vom 12. Juni 1857

»Audaces fortuna juvat«, zu Deutsch: »Der Karren beginnt sich loszuschälen«.

Warum ich heute schon wieder schreibe? Weil ich nicht einsehe, warum Du, die bisher alle Not und Qual mit mir getragen, nun nicht auch meine Freude teilen sollst. Denke Dir, ich soll den Dante groß malen für den Herrn von Landsberg, von dem Du weißt, dass er Konzerte gibt für die vornehmen Fremden. Das Bild soll die Rückwand seines Hauptsalons füllen, wo sich die Musici befinden, und es soll von oben beleuchtet und alles so eingerichtet werden, wie man es sich nur wünschen kann. Geld bekomme ich wenig dafür. Aber was tut das? Wenn er mit meinem Bilde spekuliert, so habe ich doch den Vorteil davon.

Ein Freund hat die Sache mit Klugheit vermittelt. Ich habe jetzt Zukunft, ja, ich habe Zukunft! Und den Dante groß malen dürfen, ist wie ein glückseliger Traum.«

Ende des Jahres 1857, ohne Datum

»Indem ich aufblicke, sehe ich den Kranz meiner Bilder um mich herstehen. Dies alles in fünf Monaten – und unter welchen Umständen! –

Links im Rahmen das beinahe vollendete Kinderständchen; sechs lebensgroße Putten, die ihre Instrumente stimmen, um ein schlafendes Kind zu erwecken; dann kommt das Bildnis eines Freundes, des Bildhauers Begas, Violoncello spielend, dann eine Italienerin, fein ausgeführt, in schwarzem Schleier, dann der fertige Dante, mein Liebling und Schmerzenskind, das nach allerlei hässlichen Kämpfen wieder mein Eigen geworden ist. Näheres später. Des weiteren eine Landschaftsstudie, ein antiker Flötenbläser mit einer ruhenden Nymphe am Meere, ferner das Porträt eines lieben Freundes und Zimmernachbars, des Kupferstechers Julius Allgeyer, endlich abermals ein Porträt des schönsten Kindes in Rom, der kleinen Giacinta Neri, in einer grünen Laube, mit Federhütchen, ganze Figur. Dies alles ist die Frucht meines schönen Ateliers und kommt im Februar zur Ausstellung.

Die unglückliche Affäre mit Landsberg schadet mir mehr, als ich sagen mag. Er hält die Fremden ab, in mein Atelier zu kommen.

Eins ist erobert, Rom. Du weißt das und fühlst es mit mir; das eine aber ist alles. Bei dem Namen Rom hört alles Träumen auf, und die Selbsterkenntnis fängt an. Die alte Zauberin weist jeglichem Menschen seinen Platz an. Mein hiesiger Aufenthalt ist eine Entwicklungsgeschichte und voll – voll Poesie.«

Februar 1858

»Mein Dante ist ausgestellt. Die Italiener haben ihn mit Enthusiasmus aufgenommen, ein armer Dichter hat ihn in Sonetten besungen. Wäre ich nicht ebenso arm, ich hätte ihn dafür belohnt.

Mein nächstes Bild wird ein dramatisches sein. Wenn mir ist, als könnte ich das Warten nicht mehr aushalten, dann kommen mir solche verklärte Stoffe von oben – Iphigenie!«

Januar 1859

»Der Winter ist traurig. Die Gedanken schlafen; Iphigenie, die mich eine lange Zeit wach erhalten, ist verschleiert. Zwei Kindergruppen zappeln in meinem Kopfe und kommen nicht heraus. Kein freundlicher Klang von außen, der mich ermutigen könnte; alles ist stumm, und meine Jugend verzehrt sich. Ich weiß nicht mehr, wie ich mich ausdrücken soll, um mich verständlich zu machen. So kommen und gehen die Monate. Es ist nicht recht, dass unsere Zeit die aufblühenden Blumen so wenig achtet. Sie zerpflücken und zertreten, das versteht sie meisterlich.

Sie sagen, meine Kunst sei nicht in Rapport mit der Zeit, mit dem Leben. Wie kann ich es ändern, wenn mir das Leben nur Qualen und Demütigungen bietet? Wenn es meiner Jugend die Helligkeit und Freudigkeit nimmt? Ein ganzes Füllhorn schöner Gaben ist bereit auszuströmen, wenn jemand sich die Mühe nehmen wollte, nur die Hand hinzuhalten.«

Ein Erinnerungsblatt

1859

»Ich lese Vaters griechische Plastik. Wer begreift die Wunder der Natur in ihrem organischen Zusammenhang! Wie mich Vaters Worte berühren, dass ich ihn sprechen zu hören glaube; dass wehmütige und doch freudevolle Erinnerungen in mir aufsteigen, davon will ich nicht schreiben. Aber ich möchte von dem stillen Wunder der Natur reden, dass mir jetzt, nach seinem Tode, nachdem ich erst fähig geworden bin, ihn zu begreifen, sein Geist in solcher Weise begegnet und ich hier lese, was die Natur selbst in mir vorbereitet und zur Reife gebracht hat, wonach ich instinktiv in meiner Kunst gerungen – von diesem Wunder muss ich Zeugnis geben, weil es mein ganzes Bewusstsein durchdrungen hat.

Ich weiß es nicht zu sagen, wie mir zumute ward, als ich in der reinsten Sprache das gedruckt vor mir liegen sah, was das prophetische Siegel meines ureigensten Wesens ist. Und hier in Rom, das ihm so spät vergönnt war, und das ich mit so schweren Opfern erkaufen muss! Ich habe das Gefühl, als wenn Vater seine liebe Hand herüberstreckte und mir das Buch reichte.

Dass dieser Mann tauben Ohren predigte, wer begreift das besser als ich. Mein Vater wusste in seiner Künstlernatur ganz gut, dass die überzeugende Sprache allein der Künstler spricht.

Nicht im Leben, sondern am Leben zugrunde gehen ist ein hartes Wort. Wie sollte ihm in Freiburg das Griechentum erblühen! Ach, ich möchte, dass ich gewürdigt würde, und dass es mir vergönnt sein möchte, sein prophetisches Wort in Taten auszusprechen! Es ist ein stilles Glück und eine Seelenarznei, dieses Buch zu lesen.«

17. Dezember 1859

»Endlich – nach zwei langen qualvollen Jahren! Du kannst glauben, dass ich mich erst allmählich sammeln muss, um mich freuen zu können. Ich tue es aber doppelt, weil der Dante in der Heimat bleibt. Der Großherzog hat endlich selbstständig gehandelt. Ich habe es immer gedacht, er lässt den Feuerbach nicht fallen. – Ein wenig früher wäre besser gewesen. Aber lassen wir das!

Nun soll es vorwärtsgehen. Schon das süße Gefühl, Natur nehmen zu können! Und das Geld ist gar nicht die Hauptsache.«

Kindergruppen, Madonna, Skizzen zu Amazonenschlacht und Gastmahl

Dezember 1859

»Es geht mir gut. Ich fühle die neu errungene Beweglichkeit meiner Gestalten. Die beiden neuen Kinderbilder – zusammen zwanzig lebensgroße Putten – wachsen. Meine Zeichnungsstudien vom vorigen Winter sind ein Segen für mich. Gesund bin ich, ein bisschen reizbar, aber freudig und inwendig still bildend.

Das römische Kind, musst Du wissen, ist der Keim zu allem menschlich Schönen in der Kunst. Es ist nicht nötig, weit darnach zu gehen; man stolpert in der Straße darüber bei jedem Schritt. Ich habe mir zwei kleine Buben aufgelesen, die ich füttere und im Atelier herumtollen lasse. Was ich erhaschen kann, findet ihr auf der Leinwand.

Ein recht talentvoller junger Mann, der zu den schönsten Hoffnungen berechtigt, bin ich doch wirklich. Als ich Riedel, der mich öfters besucht, neulich sagte, man wundere sich draußen, dass ich mir so viel Mühe gäbe, Kinder zu malen, schlug er sich vor die Stirne und sprach: »Mein Gott! Was kann es denn Schöneres geben! Wenn sie nur still hielten.«

Januar 1860

»Ich schreibe in meinem Atelier als dem Orte, in welchem immer die abgeklärteste und normalste Stimmung herrscht. Heute Nachmittag will ich mit meinem Freunde – seit einem Jahre zum ersten Mal – in die Campagna fahren und einen Blick in die Berge tun. Gab es doch eine Zeit, in der ich vergessen hatte, dass ich von meinem Atelierfenster aus im Winter die reifen Orangen mit der Hand pflücken kann.

Eines wird Dich freuen. Die Madonna ist auf der Leinwand, und die Kinder musizieren, dass Du es in Deine Ohren hinein hörst. Mir musizieren sie im Kopfe, seit ich von Venedig weg bin, denn von dort habe ich das Bild, ohne es selbst recht zu wissen, hierher mitgetragen, und ich glaube, es ist schuld an der ganzen übrigen Kindermusiziererei. Jetzt wird es Ruhe geben. Ich bin begierig, wie Eure steinernen deutschen Herzen sich zu meiner süßen Madonna verhalten. Leider muss ich sie schicken.«

Mai 1860

»Nicht darf ich vergessen zu erwähnen, dass ich in den ersten Tagen des Bewusstseins der wiedergewonnenen Heimat – ich meine des Ankaufs meines Dante in Karlsruhe – ein Bild entwarf, das sich seit Jahren in mir bildet gleich wie das Gastmahl des Platon und gemeinsam mit diesem, Du weißt, es müssen immer Zwillinge sein, ich meine die Amazonenschlacht. Eine kleine

Skizze vom Jahre 1857 hängt an der Wand, und auf der Staffelei steht, zwar erst in dürftiger Kohle, vielleicht meine größte Komposition vor mir: ein abendlicher Horizont, Campagna, Meer, wolkiger Himmel; ein wildes Plänkeln, Streiten, Stürzen; entfesselte Leidenschaft, die gebändigt wird durch vollendete Farbe, und wo ich streben will, die plastische Formenschönheit in den verschiedensten Stellungen auszudrücken. Da ich aber weiß, dass der Verkauf eines oder mehrerer kleiner Bilder dazugehört, um mich in Wahrheit zukunftssicher zu machen, so will ich mich dem Gegenstand noch nicht ganz hingeben, sondern den Grundgedanken nur erst in massigen Farbentönen skizzieren, um dann zu Hause an diesem mächtigen Ideenhintergrund fortbilden zu können. Der entscheidende Zug kann erst dann geschehen, wenn die letzte Sorge außer Sicht ist.

Noch ist in den letzten Wochen eine große Aquarellskizze zum Gastmahl entstanden. Ich habe dem lustigen Alkibiades zum ersten Mal die gelehrten Herrn entgegengesetzt, Sokrates in ihrer Mitte, auf dessen Kahlkopf die Lampe einen lichten Schein wirft. Es ließ mir keine Ruhe und musste heraus. Bei dieser Gelegenheit besinne ich mich, aus welcher Zeit die erste Idee stammt, und ich komme darauf zu fragen, ob ich sie etwa mit auf die Welt gebracht habe.«

3. Juni 1860

»In allen Verhältnissen ist mir eines geblieben, das ist die Natur. Und so wie in mir eine Fundgrube poetischer Dinge schlummert, die ihrer Auferstehung harren, so ist es vor allem jenes unbesiegbare Naturgefühl, welches hervorbrechen wird als Individuum – bald – so hoffe ich; denn noch schweben die Manen und Gespenster jener früheren Zeiten um die Mauern und Wände. Die Amazonenschlacht ist mächtig genug; sie wird sich durcharbeiten, wenn ihre Stunde gekommen ist.«

Erste Iphigenie. Pietà

Mai 1861

»Die uralte Geschichte lässt mir keine Ruhe. Nun – das Menschenherz sehnt sich immerdar und will seinen Ausdruck finden. Das ist es aber doch nicht, sondern der Bildhauer Cardwell hat Schneiderkünste geübt und mir ein griechisches Gewand zurechtgemacht, und dann habe ich ein Modell gefunden, das nicht übel für eine Iphigenie wäre. Du solltest nur die hohe Gestalt in den antiken Gewändern sich bewegen sehen! Ich bin das erste Mal erschrocken zurückgewichen, weil ich glaubte, eine Statue von Phidias vor mir zu haben. Da lässt sich in Eile nichts erreichen, es gilt Zeit und Beobachten. Wo finde ich das je wieder?

Eine große Iphigenie steht bereits da, nach langem Suchen entworfen bei Hagel und Sturm. Dann ist eine Zweite vorhanden, ganz anders, aber gleich bedeutend. Versetzen wir uns in die Situation: Die Erste, ganz weiß gekleidet, tritt aus dem Walde und hält im Schreiten inne bei dem Anblick des Meeres. Sie ist momentan und herzgewinnend empfunden. Ganz einfache Leute fragten mich, was ich meinte, dass sie sprechen möchte. Die Zweite lehnt sich an eine Säule und ist versunken in den Anblick des Meeres und in Gedanken an die ferne Heimat.

Diese Aufzeichnungen sind jedoch einstweilen beiseitegestellt, da ich zu großen Reichtum an Stellungen habe und nur das nehmen möchte, was die Situation erschöpft. Ein halb Dutzend Studienköpfe kann ich Euch schicken.

Die Pietà, welche weit gediehen ist, steht auch zur Seite. Man kann nicht zwei Herren dienen. Übrigens ist dieses Bild auch in meinem Kopfe fertig bis auf den letzten Pinselstrich. So ist es immer, wenn der Gedanke aus unmittelbarer Anschauung kommt. Ich habe die Maria gesehen, und die übrigen Figuren sind hinzugetreten. Es wird ein feines, schönes Bild.«

Juni 1861

»Nun ist das Iphigenierätsel gelöst. Der Gefühlszustand, welchen wir Sehnsucht nennen, bedarf körperlicher Ruhe. Er bedingt ein Insichversenken, ein sich Gehen- oder Fallenlassen.

Es war ein Moment der Anschauung, und das Bild ward geboren, nicht Euripideisch, auch nicht Goethisch, sondern einfach Iphigenie am Meeresstrand sitzend und allerdings »das Land der Griechen mit der Seele suchend«. Was sollte sie auch anderes tun?«

Februar 1862

»Ende dieses Monats ist das große Bild reisefertig.

Ich habe bisher alle Sorgen, so gut ich es vermochte, hinter mich geworfen, und so ist es mir gelungen, die Gestalt hinzupflanzen in ihrer vollen Einfachheit, ohne alle Sentimentalität, die ja den Griechen ferne lag, und welche die Klippe ist, an welcher derartige Vorwürfe heutigentags zu scheitern pflegen. Das wäre nun einmal ein Bild, mir aus der Seele gesprochen. Wie es weiter werden soll, weiß ich nicht. Hoffnung auf Ankauf habe ich keine, doch soll es zuerst in die Heimat. Auch dieses Bild ist ein Opfer auf dem Altar der Kunst. Es ist das Größte und Beste, was ich bis jetzt gemalt habe. Soll sie wirklich kommen, die Iphigenie? Sie braucht gute Augen und warme Herzen.

Ich war neulich in Lebensgefahr. Ein wildes Pferd ging mit mir durch, sodass ich den Weg einer Stunde in wenigen Minuten zurücklegte. Auf ponte molle konnte ich es zusammenreißen und brachte es im Schritt wieder herein. Es war ein eigener Eindruck, als ich nachher ins Atelier kam, wo das große Bild steht, die Iphigenie, weiß, ganz weiß, auf das Meer hinausschauend.«

Herbst 1862

»Die Pieta ist nahezu fertig. Ich darf wohl sagen, dass sie sich selbst gemalt hat. Ich schicke sie aber nicht fort, sondern will sie diesen Winter hier behalten und nächstes Frühjahr vor der Münchener Ausstellung noch einmal darüber gehen zur letzten Hand. Sie gibt Stimmung im Atelier, und es reisen ja der Bilder genug: Hafis, Aretin, die beiden Kinderbilder, die Madonna, die Iphigenie und eine Unzahl Studienköpfe. Ich singe »Heil dir, mein Vaterland!« Mein Tenor klingt ganz ausgezeichnet.

Meine Madonna tut mir aber doch leid. Wenn die Mutter mit dem Kinde, von Kindern umgeben, die Herzen nicht mehr rührt, was bleibt dann noch übrig? Nimm das Bild zurück, ich bitte, und auch die Iphigenie nimm zurück. Ihre Toilette ist nicht für Reisen eingerichtet. Zu groß ist sie? Warum bin ich doch für die große Historie geboren worden! Der Schattenkopf gefällt nicht? Wie soll ich das Heimweh besser ausdrücken als durch Abwenden? O Gott! – Das Modell? Das ist der Ärger vieler. Nun, diese Frau hat wirkliches Kunstgefühl und kommt mit ihrer Person meinen tiefsten künstlerischen Ideen entgegen. Soll ich sie fortschicken? Lasse Dichs nicht beirren und glaube an mich.«

Rom, 10. Mai 1863

»Ich kann nur wenig schreiben, da ich halb toll bin vor Müdigkeit. Kurz Folgendes: Ich habe seit drei Wochen von 5 Uhr morgens an bis abends mit Modell gearbeitet. Die Pietà ist nun ganz fertig, ein seelenvolles Werk, so meine ich. Sie steht zum Trocknen noch 14 Tage, dann geht sie gerollt an die Ausstellungskommission in München. Besorge, ich bitte, Kiste, Rahmen, Keilrahmen, alles, was zur Ausstellung gehört, durch eine zuverlässige Person.

Morgen gebe ich ganz gemütlich wieder meinen letzten Taler aus. Man nennt das in Deutschland den Kampf des Genies mit dem Leben. Aber was tut es? Die Pietà ist ein schönes Werk. Meine über den Christus hingeworfene Madonna ergreift mich selbst.«

Die Bilder für die Galerie des Herrn Grafen v. Schack

Juli 1863

»Ich habe Deinen Brief erhalten und bin wie neu geboren. Ich bin dem Geschick tief dankbar, dass die Pietà nicht reisen muss, sondern eine ehrenvolle Heimat in München erhält.

Gestern sind Zeichnungen, die seit 1857 geplante Francesca von Rimini, an Herrn Baron v. Schack abgegangen.
Ich war die letzte Zeit sehr angegriffen. Der erste ungetrübte Erfolg seit mehreren Jahren, welcher sich zugleich auf die folgenden erstreckt, wird mir gut tun.«

Januar 1864

»Ich fühle mich in Sicherheit und hoffe Gutes zu leisten, sowohl für meine jetzigen Aufgaben als für das, was in der Zukunft dämmert; bin ich zufrieden?
Die Rastlosigkeit meiner Fantasie ist leider immer die süße Qual, die an meiner Seele zehrt. – Glück ohne Ruh!« –

Januar 1864

»Meine Sendung wirst Du erhalten haben. Es geht mir gut. Nur wurde ich nachgerade gewöhnt, dass die Freudigkeit, der Übermut fehlt, welchen ich sonst wohl für die Produktion notwendig erachte; aber was willst Du? Ich bin jetzt Genremaler und werde mit weniger Begeisterung, aber dafür mit desto mehr Vernunft auskommen können, wie so viele andere auch.
Das Gastmahl steht ganz im Hintergrund meiner Seele, von einem undurchdringlichen Vorhang verhüllt. Ich weiß nur, dass es da ist, sonst nichts.
Übrigens bin ich mit der Nymphe und den badenden Kindern, die ich Herrn Baron v. Schack jetzt vorschlagen werde, in gutem Fahrwasser.«

Juni 1864

»Die Bilder für Herrn v. Schack sind nahezu vollendet. Ich arbeite doch mit großer Liebe daran; es sind künstlerisch schöne Aufgaben, und ich hoffe, sie erschöpfend zu lösen. Neue Vorschläge will ich bei der Absendung machen. Bis jetzt weiß ich wohl eine Menge Gegenstände, aber keinen, der mir das Herz bis zur Produktion erwärmte. In der Kunst ist es wie in der Liebe. Es heißt dieses oder keines. Übrigens ordnet sich meine Existenz allmählich, und aus dem himmelstürmenden Genie wird ein bedächtig friedlicher Maler. Wenn es Dir recht ist, solls mich freuen!

Hafis am Brunnen ist lebensgroß, ein glückliches Bild. Die Frauen steigen auf und ab, es ist kühl in der Schlucht. Die Kinder am Brunnen wachsen auch. Die Nymphe gedenkt nicht minder ein feines Bild zu werden, und so eines nach dem andern. Wäre das Gastmahl nicht, so könnte ich glücklich sein; aber es macht sich breit und drängt sich vor und verengt in mir das Denken. Es nährt sich von meinem Herzblut und greift mir ins innerste Leben. Wenn ich an das Machen auf der Leinwand denke, so ist das die pure Seligkeit. Soll ich mich nochmals an Herrn Baron v. Schack wenden? Totschlagen kann ich das Bild nicht, denn ich träfe mich selber.«

18. März 1865
»Ich habe nach langem Überlegen und Zaudern doch endlich am 6. d. selbst an Herrn Baron v. Schack wegen des Gastmahls geschrieben. Nun soll die Sache ihren Lauf haben. Inzwischen war ich in Gesellschaft eines Schweizer Freundes, des jetzigen Besitzers meiner Madonna, acht Tage in Neapel; es war nötig, da ich mich wieder gemütlich zu verkränkeln anfing.

Den holdseligen Eindruck Pompejis, des Meeres, der Bronzen und Vasen zu schildern, ist unmöglich. Dies muss auf mündlichen Bericht verspart bleiben. Ich habe an hoher Anschauung gewonnen und mich dem reinsten Genuss hingeben können, und ich habe innerlich geschworen, dass die Kleinlichkeit und Engherzigkeit meines Vaterlandes meinen Geist nicht unterdrücken soll.

Durch die stillen Straßen Pompejis zu wandern, in die heiteren, bemalten Häuser hineinzusehen, jetzt nur von kleinen Eidechsen bewohnt, dazu die flüchtigen Durchsichten auf das Meer, der reinste Himmel, das schönste Gebirge der Welt, das sind Dinge, die sich unauslöschlich ins Herz graben. Bei meiner Rückkunft habe ich zu meiner großen Freude unbewusste Anklänge davon in meiner Kunst gefunden.

Einen Blick von der Höhe des Posilipp herab auf die Inseln in der Abendsonne. – So müssten die Inseln der Seligen aussehen! Im Museum waren wir täglich und haben studiert. In Pompeji lernt man einsehen, auf welcher niederen Bildungsstufe des

Geschmacks wir Kinder des neunzehnten Jahrhunderts stehen. Kein Zimmer, noch so klein, das nicht heiter und kunstreich ausgemalt wäre, und wir bewundern in den Gemälden der Zimmermaler den feinen Sinn für Maß und Farbe, der uns Modernen verloren gegangen ist.«

27. April

»Meinen letzten Brief wirst Du erhalten haben; der Deinige mit der Antwort des Herrn v. Schack ist heute eingetroffen. Ich habe eigentlich nichts Anderes erwartet und bin deshalb nicht außer Fassung. Ich werde mir Mühe geben, das gegenwärtige Verhältnis noch für ein Jahr aufrecht zu erhalten. Das Symposion beginne ich auf eigene Rechnung. Mit diesem Hintergrund heben sich auch alle kleineren Gedanken wieder.«

Erstes Gastmahl. Zweite Iphigenie. Orpheus

Rom, 22. Mai 1867

»Aut Caesar aut nihil. Ersparen wir uns jede Auseinandersetzung der Verhältnisse. Ich habe in der letzten Zeit eine dämonische Tätigkeit entfaltet. Dass meine Erhebung mit der nationalen zusammentrifft, ist mir innerlich ein freudiger Triumph, und da ich rasch und sicher in meinen Handlungen bin, so schließen sich auch die kleineren Umstände an. Das verlorene Modell ist auf das Glücklichste ersetzt.

Was aber die Hauptsache ist: Die Aufzeichnung des Symposion ist in klaren, sicheren Linien siegreich vollendet. Jetzt Vorhang vor und warten.«

Anfang Oktober 1867

»Das neue Atelier wird eingerichtet, ein kleines Marmorhaus nächst der Eisenbahn. Ich warte auf die gute Stunde. Die große Aufzeichnung steht, vom Vorhang verhüllt, an der Wand.

Ich fühle mich angegriffen. Kannst Du glauben, dass die Erfüllung des zehnjährigen Wunsches mich mehr ängstigt, als sie mich freudig macht?

Wie sollte es anders sein, nach dem, was hinter mir liegt?«

2. Dezember 1867
»Das Symposion ist untermalt; einzelne Stücke schon ausgeführt.

Ich hoffe und glaube, dass darin der bekannte Wind des Genius weht, der uns wohltut und andern unbequem ist. Das Übrige findet sich. Ich bin sehr angegriffen und aufgeregt.

Bei dem Gastmahl werde ich mich vorläufig ganz auf den linken, den klassischen Teil des Bildes werfen. Wie anders – ach, wie anders würde es sein, wenn ich eine Kunst hebende, kunstgebildete Nation hinter mir hätte! Noch nie habe ich so deutlich als bei meiner Rückkehr gefühlt, dass ein Leben dazugehört, um einen Quadratschuh mit Anstand auszufüllen.

Hier ist die hässliche Soldatenwirtschaft. Das Programm meiner Arbeit für die nächsten Monate ist übrigens beruhigender Natur. Das Ricordo, Van Dyk und seine Geliebte, ein unterweltlicher Orpheus sind neue Gäste in meinem Kopfe. Die Zeiten sind haarsträubend interessant.«

Ohne Datum
»Für einen Ersatz Deiner großen Iphigenie ist bereits gesorgt. Die zweite Iphigenie, die ich neulich des Abends entwarf, ist bei Weitem nicht so groß wie die erste. Lasse die Erste getrost ziehen, Du verlierst nichts dabei.

Der Orpheus wird seiner musikalischen Erzeugung hoffentlich Ehre machen. Eine neue kleine Amazonenschlacht spukt im Atelier; frühere Arbeiten, Studienköpfe, Skizzen, große und kleine, unter anderem Medea auf der Flucht, Kreuzabnahme, Dantes Tod, Landschafts- und Meerstudien füllen die Atelierwände. Das Symposion steht ruhig und in großen Zügen da, glaubhaft und wahr, in beglückender Sicherheit. Mir ist es, als hätte es ein anderer gemalt.

Was mich selbst betrifft, so bin ich sehr herunter. Die letzten Tage unwohl, faule Todesgedanken! Die Strapazen der letzten

Monate waren sehr groß. Ich habe Heimweh. Was sind alle Plackereien gegen ein gutes Wort zur rechten Stunde.«

19. Dezember 1868

»Ich schicke freundliche Grüße zum neuen Jahre, nachdem ich eine Krisis einigermaßen heroisch überstanden habe. Ich wusste nicht, wie krank ich war, und merkte es erst, als mir die Beine den Dienst versagten. Darauf folgten einige peinliche Stunden. Ich glaube, der Unmut und der starke Wille hat mich herausgerissen. Ich bin vollständig wieder hergestellt.«
»Wen Du nicht verlässest, Genius –!« usw.«

Ohne Datum

»Habe mich abermals aufgerafft. Die Menge meiner Produktionen stört nicht, weil immer die eine der andern hilft. Meine Produktivität ist ohne Sentimentalität.

Infolge eines prachtvollen Ateliers arbeite ich mit größter Leichtigkeit. Ich bin wieder wohl und heiter.

Hinzuzufügen ist, dass ich das Ricordo für Herrn Baron v. Schack glücklich herausgerissen habe. So ist auch dieses geordnet. Orpheus ist lebensgroß in voller Wirkung. Ich war heute selbst verblüfft, als ich ins Atelier kam. Die zweite Iphigenie wird – Dir darf ich es ja wohl sagen – eine wirkliche Perle werden.

Die Arbeiten dieses Winters gehen fast über mich hinaus. Es ist eine sanfte, selige Macht, die mir zuweilen die Hand führt. Die Bilder haben ihren eigenen Willen, und wenn sonst nie, folge ich hier gerne.

Vorgestern habe ich die neue Iphigenie bis auf die letzte Hand vollendet. Ich vertraue Dir sie später an und hoffe, sie einst im eigenen Gartensalon zu besitzen. Das Bild ist voll holder Schwärmerei, sodass man lange davor sitzen kann. Der Schmetterling bedeutet die Seele.

Heute, den 16. April 1869, habe ich meinen Namen unter das Symposion geschrieben und eine Flasche Champagner getrunken. Ich reise den 25. ab und telegrafiere von München aus. Lasse Dich an der Eisenbahn finden mit einem Etui von

Kochenburger, angefüllt mit anständigen Zigarren. Lorbeeren brauche ich nicht.«

Medea. Urteil des Paris

Rom, 25. Oktober 1869

»Ich bin in Arbeit an einem großen Bilde, welches ich bereits seit sechs Jahren in der Seele trage, und das sich durch verschiedene Perioden seines Daseins in meinem Kopfe allmählich bis zur Reife hindurchgearbeitet hat, nachdem es eine Reihe von Skizzen in Kreide, Aquarell und Öl glücklich passiert ist. Ich wünsche es nach Karlsruhe zu schicken; ein anderes steht im Entwurf, mit welchem ich zum drei- oder vierundzwanzigsten Mal in Berlin anklopfen will. Weiter mag ich nicht sprechen. Sei des Erfolges sicher.«

November 1889

»Medea vor der Tat, Medea nach der Tat, Medea auf der Flucht am nächtlichen Meeresstrande, Medea als liebende Mutter, als mörderische Furie, im Schlaf, im Wachen, in Reue und Leid!

Das ist nun wieder ein Gegenstand, in den ich mich sozusagen verbissen habe, von dem ich nicht loskomme.

Am meisten dramatisch wirkt, glaube ich, unter all diesen Versuchen eine Skizze, auf der Medea als Flüchtende dargestellt ist, in Nacht und Sturm am Meeresufer, die aufgelösten Haare im Winde flatternd und einen Knaben an der Hand führend.

Dramatisch, ja dramatisch ist am Ende jede Einzelszene; ein Historienbild soll aber in einer Situation ein Leben darstellen, es soll vor- oder rückwärts deuten und in und auf sich selbst beruhen für alle Ewigkeit. Alte Geschichten, die jeden Tag neu werden!

Nun, Du weißt, dass die abgeklärte, die wirkliche große Medea jetzt auf der Leinwand steht. Alle kleinlichen Gedanken, die wie eine Sintflut über mich hereinbrechen wollten, habe ich hinter mich gelegt. Ich und mein Genius, das ist das Nächste.

Wie sollte es auch sonst werden? Alles, was die Menschen dem Künstler als Hochmut und Selbstüberschätzung auslegen, was ist es denn anders als Arbeitskraft und Arbeitsfreude; und wie sollte man ohne diese etwas zustande bringen, welches andern Kraft und Freude geben könnte?

Meine Vergangenheit war eine Kette kleinlichsten Hereinhackens, Dareinredens, Abhaltens. Dies hat jetzt aufgehört. Ich gehöre nur noch meiner Kunst.«

Schöpfungsgeschichte der Medea

Januar 1870

»Ristori, Porto d'Anzio, Ruderknechte, dazu Meeresglanz und Wogendrang, alle die holden und stürmischen Töchter des alten Nereus, ein Bischof in weitem Bademantel auf einem Felsblock sitzend, der in ahnungsloser Unschuld die Amme darstellte, endlich mein Modell – was braucht ein mit Poesie zum Zerspringen angefüllter Künstlerkopf mehr zum Schaffen?

Wenn der geistliche Herr mit seiner Toilette fertig war, kam er wohl näher, mir zuzusehen; und brach dann eine Sturzwelle brausend und Schaum spritzend über das flache Ufer herein, dann tänzelte er mit seinen violetten Strümpfen flink von einem Stein zum andern, um sich vor Nässe zu retten.

Es ist eine Lust, im künstlerischen Schaffen sich mit der Natur eins fühlen!

Das heiterste Bild, welches ich in meinem Leben gemalt habe, ist das Seiten- oder Gegenstück zur Medea. Woher – wohin – weiß ich nicht recht zu sagen. Aus der Pistole geschossen, ein plötzlicher Einfall, geschichtslos, absichtslos, ohne mühseliges Studium, aus meinem Kopfe auf die Leinwand geflossen, ein sanfter, warmer Strom, unmittelbar und ungesucht.

Ich hatte mich über die Aufnahme der Medea in Baden gegrämt; daraus ist in gesundem Rückschlag das Urteil des Paris entstanden, welches meine gute Laune so gründlich hergestellt hat, dass ich für lange Zeit gefeit bin. Mir will es vorkommen, als sei das Bild unwiderstehlich; andere werden es unausstehlich finden. Was tut es? Ich war heiter bei der Arbeit. Der Maler

Ferdinand Keller kann es bezeugen, er hat den Ziegenbock des Paris gemalt.«

Rom, 18. April 1870

»Es ist die erfreuliche Kunde zu melden, dass ich meine Sehnsucht, nach Hause, ins Grüne zu kommen, noch für vier Wochen bezwinge, um die Winterarbeiten völlig zum Abschluss zu bringen. Du magst darin ein Zeichen meiner Gesinnungsfestigkeit erblicken, dass das Fiasko, welches man meinem Gastmahl vorigen Sommer in München bereitete, mich nicht abhält, die diesjährige Berliner Ausstellung mit der Medea und dem Urteil des Paris zu beschicken. Ich gedenke die Einleitung dazu persönlich zu besorgen. Einstweilen bilde ich im Stillen fort und glaube, dass Segen auf meiner Arbeit ruht.

Ob ich für längere Zeit nach Heidelberg komme, ist noch zweifelhaft. Es liegt mir diesmal an einem längeren Aufenthalt in Norddeutschland, Berlin, Leipzig, Dresden; – aber Anfang und Ende des Sommers wird jedenfalls zu Hause Rast gemacht.«

Rom, September desselben Jahres

»Gib wohl acht!

Berliner Ausstellung 1870, letzter Saal, Totenkammer benannt, oberstes Stockwerk, unter dem Plafond, in verkehrtem Licht: Medea und Urteil des Paris von Anselm Feuerbach.

Miete einen trockenen Platz im Lagerhaus und lasse die Bilder in ihren Kisten einstellen. Es ist das Beste für sie und für mich. Ich war unwohl; grenzenlose Müdigkeit, unüberwindlicher Ekel. Was weiß ich!

Liebe Mutter, spreche mir nicht von Größe der Zeit und von neuem Leben, nachdem ich seit zwanzig Jahren in meiner Branche an diesem neuen Leben schaffe und schiebe, dass mir fast die Knochen brechen. Wenn ich Dich, Du viel geplagte alte Frau, dahin bringe, dass Du nicht nur einsiehst, das tust Du, natürlich, sondern auch voll und rund heraussagst, dass ich nicht derjenige bin, welcher usw., sondern dass es einzig und allein die andern sind, so will ich zufrieden sein.

Ich höre immerfort die Glocken des Fortschritts läuten und muss an meiner Haut all das peinliche Zwicken durchmachen, worüber seit Christi Geburt 5000 oder so und so viel mehr Bücher geschrieben sind, die den alten Brei immer wieder aufrühren.

Nichts für ungut!

Gestern am hellen Mittag ist auf dem Korso vor meinen Augen ein alter Herr ermordet worden. Den Mörder haben wir gefasst und überliefert, das Mordgeschrei klingt noch in meinen Ohren, was nicht gerade zur Verbesserung meiner Stimmung beiträgt.«

Amazonenschlacht. Zweites Gastmahl

Dezember 1870

»Sei so gut, mir die Einnahme von Paris umgehend telegrafisch zu melden, damit ich der erste bin, der die Fahne heraussteckt.

Mir geht es ausgezeichnet. Eine Rose vor mir im Wasserglas – für anderthalb Franks im Monat täglich eine frische – sitze ich behaglich in meinen wohlbekannten Zimmern, die so angenehm zum Denken sind. Wir haben Wiener Bier, Zeitungen, Musik, anständige, ernste Menschen, Militärs und Zivilisten zur Gesellschaft; wenige Fremde. Die Luft ist rein, und es lebt sich angenehm. Was die Deutschen an mir gesündigt haben, soll man mir nicht ansehen.

Ich liebe mein Vaterland, obgleich ich ihm nichts zu danken habe, und ich hasse ehrlich und von Herzen alle diejenigen, welche mich, sei es in böser Absicht oder aus Unverstand, verhindern wollen, das mir von der Natur gesteckte Ziel zu erreichen. Wenn ich glaubte, mich nützlicher zu machen, indem ich meine Glieder den Kugeln der Franzosen preisgebe, so würde ich es sorglos und ohne Säumen tun. Es ist immer gut zu wissen, für was man stirbt, wenn man nicht weiß, für was man leben soll. Ich glaube aber, dass mir für die richtige Totschlägerwut einiges Talent abgeht, wahrscheinlich aus Respekt vor der Natur, da es mir sonst an Mut und Galle nicht gebricht.«

Abermals Dezember 1870

»Am ersten Januar beginne ich die Amazonenschlacht, nach deren Aufzeichnung zu gleicher Zeit das zweite Gastmahl, in welchem alle Sünden des Ersteren zu Tugenden werden sollen. Erstere ebouchiere ich frei, vorerst ohne Natur; bei Letzterem ist die Fotografie ein herrliches Knochengerüst in mathematischer Richtigkeit, und ich kann im übrigen Geist und Fantasie frei walten lassen. So z. B. werde ich mithilfe des Vergolders den Rahmen selbst malen: Kinder, Blumen, Früchte, Tiere, Masken, grau in grau auf Goldgrund. Die Halle wird mit Blumen geschmückt, die Wände mit Gold, der Boden Mosaik.

»Ich tue, was ich kann, erwarte wenig von der Welt – wie sollte ich anders? – und meine Gegner, noch mehr meine zweifelhaften Freunde, denn ich habe deren, leider, werden einen ernsten, stillen Mann an mir finden.«

Frühjahr 1871

»Vorgestern ist die Leinwand zum Symposion eingetroffen. Fünf Mappen Handzeichnungen enthalten über 200 Blätter. Allein 54 habe ich für die Amazonenschlacht gemacht, in zwei Monaten wird die obere Hälfte des Bildes fertig sein.

Du wirst inzwischen zwei größere und zwei kleinere Bilder erhalten, gerollt in einer Kiste. Empfange die zweite Iphigenie, die jetzt endlich kommt, mit Achtung; sie ist es wert. Auf dem Medeenstudienbild sieht man zwar die Kinder nicht, aber doch den Dolch zur Beruhigung des Publikums.«

Herbst 1871

»Fortan kann ich nur wenig schreiben, etwa drei Worte, die mein Wohlsein melden. Ich bin in einer Riesenarbeit begriffen, die alles andere ausschließt. Die Amazonenschlacht steht untermalt, und das zweite Symposion ist am Punkt – sans comparaison – gewappnet aus meinem Hirn zu springen. Ich brenne vor lichter Begeisterung!«

11. November 1872

»Vorigen Dienstag, den 19. November, habe ich den Namen unter die Schlacht geschrieben. Das Bild ist gemacht. Schluss dieses Monats und der ganze Dezember ist dem Symposion geweiht, welches auf gleiche Höhe gebracht werden soll. Die beiden Gemälde stehen einander gegenüber und repräsentieren einen Komplex von nahezu hundert Figuren. Es ist doch der Mühe wert, dass ich gelebt habe und lebe!

Januar und Februar wird ein Abschiedsspaziergang unternommen zur letzten Vollendung. Ich habe die Untermalung des Amazonenbildes in vierzig Tagen vollendet und bin so frisch wie am ersten Tage.

Abermals stehen einige Bilder zur Absendung bereit, doch kann ich mich nicht zur Verpackung entschließen. Eine schlafende Medea, hoffentlich die letzte, deren grausiger Traum sich auf der Urne spiegelt, und ein feines Modellbild »Am Strande«. Der Kopf der Medea scheint mir erschöpfend. Das zweite Bild könnte eine moderne Iphigenie sein. Man sagte mir, es fehlte der Strohhut; daran habe ich nicht gedacht. Auch die Schuhe waren nicht richtig!

Gleich nach Ostern werde ich eintreffen. Ich möchte diesmal längere Zeit in Baden-Baden ausruhen.

Liebe Mutter, denke an mich als an einen von Gott und allen Göttern Begnadigten!«

Wien

Durch Vermittlung des Direktors des Österreichischen Museums in Wien, Herrn Hofrat v. Eitelberger, ward ich als Professor der Spezialschule für Historienmalerei an die Akademie nach Wien berufen und folgte diesem Rufe mit Beginn des Sommers 1873.

Der Abschied von Rom wurde mir schwer, und doch war mir die Veränderung nicht unerwünscht. Das stete Wandern von Rom nach Heidelberg und von Heidelberg nach Rom und das Hin- und Herschicken meiner unverkauften Bilder auf Kunstausstellungen erschien mir allgemach eintönig und langweilig. So hieß ich die neue Wendung, wenn auch mit geteilten Empfindungen, doch willkommen. Rom war mir dabei nicht verloren, denn ich hielt mein dortiges Atelier noch für zwei Jahre fest. Es war angefüllt mit Bildern, Skizzen, Zeichnungen – ein kleines Museum – und der Gedanke an diese Kunstheimat erleichterte mir den Übergang in die noch unbekannte Welt.

Ich trat die Wiener Stellung mit einem ernsten Zeichen an. Das Menetekel ward mir mit feurigen Buchstaben in die Seele geschrieben durch den Tod meiner lieben Schwester am 9. März 1873.

Wenige Monate darauf traf ich in Wien ein mit viel gutem Willen, wenig Erwartungen, ohne Vorurteil und bereit, die Dinge zu nehmen, wie sie sich geben wollten. Es war dies leichter gedacht als getan, und ich gestehe, dass es mir heute schwer wird, über jene Zeit Rechenschaft abzulegen. Mein bisheriger Plan, nur über künstlerische Dinge zu schreiben, wird dabei etwas beeinträchtigt werden, weil damals die Berufsinteressen und das gewöhnliche Tagesleben sich öfter und schärfer kreuzten, als dies in meinen früheren Verhältnissen der Fall war.

Die großartige und geräuschvolle Umgebung, die mich an Paris erinnerte, gefiel mir nicht übel und drückte mich nicht im Mindesten. Ich fand mich leicht zurecht; auch der Tumult der beginnenden Weltausstellung schien mir nicht verwirrend. Ich besorgte alles Nötige ohne Hilfe allein, so wie ich es gewohnt war. Mein Einzug war sehr still, sehr bescheiden, man hatte nicht

Zeit, sich um mich zu bekümmern; das war mir recht. Das damalige historische grässliche Wetter focht mich nicht an.

Ich besuchte das Belvedere und die Katharina Cornaro, von deren Ausstellung im Künstlerhaus ich durch Riesenaffichen an den Mauern schon beim Einfahren unterrichtet wurde. Für mich persönlich waren die Schülerarbeiten an der Akademie das wichtigste, weil sie das Maß meiner eigenen Wirksamkeit bedingten.

Da das akademische Semester schon ziemlich vorgerückt war, hatte ich sehr bald Gelegenheit, der sogenannten Schulausstellung beizuwohnen, die überaus dürftig und kläglich ausgefallen war, sodass meine Hoffnungen fast bis auf Null herabsanken. Von den zahlreichen Schüleranmeldungen nahm ich acht bis zehn an, um mit dieser Zahl die Schule zu eröffnen. Da die Räume der alten Akademie für die gehörige Anzahl von Schülerateliers nicht ausreichten, so wurden die fehlenden mietweise in entlegenen Stadtteilen beschafft. Es war dies eine Einrichtung, welche mich zu stundenlangen Kreuz- und Querfahrten verurteilte; schlimm genug für den kommenden Winter.

Je bescheidener die Erwartungen waren, mit welchen ich den Unterricht begann, desto überraschender gestaltete sich alsbald der Erfolg. Ich fand wirkliche Talente in meiner Schule und kann mir den plötzlichen Aufschwung derselben nur daraus erklären, dass meine Schüler in mir einen Lehrer fanden, welcher, wenn auch selbst nicht mehr jung, doch jugendlich zu fühlen verstand und durch sein eigenes Beispiel im Schaffen den Schülern vorausging. Von Professorenwürde hatte ich freilich keine Spur an mir, allein, wenn dies ein Mangel war, so wurde er ersetzt durch das warme Interesse, welches ich selbst sofort empfand, und das durch die Achtung und Anhänglichkeit, durch den Lerneifer meiner Schüler reichlich erwidert ward.

Wenn dies hätte so fortgehen dürfen, so würden wir im goldenen Zeitalter gelebt haben. Ich kann mit aller Wahrheit sagen, dass die Liebe und Ergebenheit, deren ich mich in meiner Schule zu erfreuen hatte, der einzige ungetrübte Lichtpunkt in meinem Wiener Leben gewesen ist. Ich hatte bis dahin keine Ahnung von der Möglichkeit eines solchen Verhältnisses in unserer Zeit. Die Schule war sogar das Einzige, vor dem ich stets eine gewisse Scheu empfand. Ich glaubte nicht entfernt daran, Lehrtalent zu besitzen; und nun wandten sich die Dinge so, dass meine Korrekturstunden mir die reinste Befriedigung gewährten, ja mich glücklich machten. Es ging mir alles leicht aus dem Kopfe und von der Hand, als wenn ein längst Vorhandenes, in mir selbst bisher Gebundenes plötzlich gelöst und frei geworden wäre. Meine Schüler waren mir wie jüngere Brüder; das Band einer gemeinsamen Genossenschaft machte sich in kürzester Zeit fühlbar.

Es war hier etwas im Entstehen begriffen, das zu dem schönsten, edelsten, fruchtreichsten hatte heranreifen können, was das Kunstleben überhaupt hervorzubringen imstande ist, wenn man uns Zeit gelassen hätte.

Die Begeisterung der jungen Leute, ihre wachsenden Fortschritte, die sich in den folgenden Schulausstellungen zeigten, und infolgedessen die freundliche Anerkennung vonseiten des Ministeriums erweckten mir vielleicht Gegner, oder diese waren schon früher vorhanden gewesen; genug, ehe ich mich dessen versah, stand ich einer feindlichen Phalanx gegenüber, von der ich bis jetzt nicht die geringste Ahnung hatte.

Die Ausstellung meiner großen Bilder, »Amazonenschlacht« und »zweites Gastmahl«, von welcher ich törichterweise einen günstigen Erfolg hoffte, sollte mich aus dem Traume erwecken. Es brach ein Sturm über mich los, der mich wenigstens über die Bedeutung der Bilder beruhigen konnte. Ich setzte mich nicht zu Tische ohne Spott- und Hohnkritiken, ohne Karikaturen – leider waren sie immer schlecht – neben meinem Kuvert zu finden, und ich legte mich nicht zu Bette, ohne von den Dachtraufen meine Niederlage erzählen zu hören.

Eigentlich hatte die Geschichte auch ihre komischen Seiten, und ich trug die Verunglimpfung, welche hauptsächlich die Amazonenschlacht traf, mit leidlichem Humor, um so mehr, als Ministerium und Schule sich nicht beeinflussen ließen.

»Das ist so bei uns in Wien«, sagte man mir zum Troste, und ich ließ es mir gesagt sein. Als später die beiden Werke in Berlin bei Sachse ausgestellt und mit Schweigen empfangen und verabschiedet wurden, war mir dies empfindlicher.

Die indessen von dem Ministerium angebahnten Verhandlungen über die Bestellung der Plafondgemälde für den glyptischen Saal der neuen Akademie nahmen lange Zeit in Anspruch und verursachten mir bei ihrem endlichen Abschluss durch das unbegreifliche Verfahren einer Wiener Finanzbehörde sehr peinliche Schwierigkeiten, bei welchen ich mich, wie es scheint, so ungeschickt benahm, dass man mir nachträglich das Schlimmste erzeigte, was man einem ehrlichen Menschen zufügen kann, indem man mich für geisteskrank ausgab.

Es liegt in diesem Vorgang ein verhülltes Etwas, dem näher zu treten ich kein Verlangen hege. Da ich weder zu wenig noch zu viel sagen möchte und die Berührung mir überdies Schmerz verursacht, so schweige ich gerne da, wo nicht mehr zu helfen ist.[14]

Körperlich war ich allerdings angegriffen und insofern reizbarer und aufgeregter, als es für meine Stellung heilsam war. So etwas pflegt indes leidenschaftlichen, künstlerisch begabten Naturen zuweilen zu begegnen, auch ohne Verrücktheit, es müsste sonst ein guter Teil unserer Kunstelite ins Irrenhaus gehören.

Man denke sich: Nahezu siebenzehn Jahre in Rom, dem ruhigen, stillen, für ideale Schöpfungen fruchtreichsten Boden der Welt, in Einsamkeit und unumschränkter Freiheit, ferne vom Tagestreiben des modernen Lebens, den Kopf erfüllt von Götterbildern und poetischen Kombinationen – und nun plötzlich in die bunteste und bewegteste der modernen Weltstädte gestürzt – nicht als harmloser genussfähiger Zuschauer, sondern als pflichtmäßig betrauter Berufsmann in einer absonderlich schwierigen Stellung, fremd, unerfahren, mit einem ungeduldigen, leicht verletzlichen Naturell begabt!

Ich hatte viel zu lernen und viel zu vergessen, war des guten Rates bedürftig und leider ohne Neigung, denselben einzuholen oder zu befolgen. Ich kannte die Deutschen, Nord- und Süd-

---

[14] Eine unerklärliche Steuerforderung.

länder, die Italiener und Franzosen, aber das Wiener Leben war mir fremd; doch erschien es mir heiter, anregend, ich fand – oder ich glaubte Freunde zu finden; die Schule blühte. – Es hätte alles gut werden können, wenn nicht kleinliche, hässliche Kämpfe mir den Boden geraubt hätten, ehe ich festen Fuß fassen konnte.

Man sagte mir: »Sie sind nicht en vogue, es ist ihre eigene Schuld«.

»Um in Wien Glück zu machen, muss man ein Wiener werden«.

»Eines können sie« (die Wiener nämlich), sagte mir ein angestellter Herr, als ich ihm einiges über meine neuesten Erfahrungen mitteilte, »trätzen könnens«.

Das Hervorheben des Temperamentes ist im Allgemeinen bei den Österreichern auffällig. Was mich betrifft, so hatte ich Ursache, die Gemütlichkeit der Wiener zuweilen etwas ungemütlich zu finden.

Scherz beiseite. Ich habe vollständig begriffen, dass ein Lessing oder Goethe in Österreich unmöglich gewesen wäre; selbst dem bescheidenen Grillparzer hat man den Lorbeer erst auf das Grab gelegt. Aber Haydn, Mozart, Beethoven, Schubert, die waren doch möglich?

Es ist in Wahrheit eine Fülle von Kunsttalent hier vorhanden, auch für die bildende Kunst; nur dass diese Letztere leicht in Nebendingen stecken bleibt. Stoffe, Möbel, künstliche Lichteffekte werden vorwiegend als Hauptsachen behandelt. Für den Menschen, wie ihn Raphael und Michelangelo empfunden haben, ist kein Verständnis vorhanden.

Man glaubt in Wien Kunststil zu haben, weil man verschiedenen Stilen die Pforte öffnet, und doch krankt man an gewissen altmodischen Traditionen, die weniger der Sache als einem eingewurzelten Personenkultus angehören. Es existiert neben der Überschätzung mancher noch lebenden Koryphäen eine veraltete Konventionskunst, die sich in ihrer Unnatur von Geschlecht zu Geschlecht forterbt, ohne durch die Verbreitung weniger intensiv zu werden. Sie ist zurzeit vorzugsweise in Wien heimisch, und wie es eine »Gräcomanie« gibt, so möchte ich sie die Rahlomanie nennen. Sie nimmt neben dem Makartismus verhältnismäßig einen kleinen Raum ein und ist doch, wie ich leider aus Erfahrung weiß, ziemlich einflussreich.

Eine ernste, auf große Anschauung im historischen Fach gegründete Richtung ist nicht vorhanden, und ich darf nicht zweifeln, dass ich in solchem Sinne nach Wien berufen wurde. Mein erzwungener Abgang ist mir um so schmerzlicher, da ich aus Erfahrung weiß, wie sehr die dortige Künstlerjugend, bei unleugbarer Begabung, gerade einer solch strengen, gesetzmäßigen Anleitung zugänglich ist. Ich hatte gehofft, allmählich in meinen Beruf hineinzuwachsen und das zu leisten, was man von mir erwartete. Es sollte nicht sein; das Verhängnis war in Sicht!

Bis zum Schluss des Winters 1875 war ich beschäftigt, meine Bilder, Amazonen und zweites Gastmahl, für die Ausstellung in München vorzubereiten; desgleichen malte ich die erste Skizze zum Titanensturz und brachte die vordere Gruppe der Deckenbilder, Prometheus, Venus, Gäa und Uranos auf einen ziemlichen Grad der Vollendung.

Es geschah dies gegen den Frühling mit zu großer Anstrengung; denn ich erkrankte während der Arbeit und verließ Wien erst, als ich fühlte, dass der fernere Kampf gegen mein Übel fruchtlos sei. Einen Tag später vielleicht, und ich hätte meinen Einzug in das Wiener Hospital gehalten. Es hatte sich Gelenkrheumatismus und eine schleichende Lungenentzündung zugleich ausgebildet, und ich erreichte die Heimat als todkranker Mann.

Die letzten Tage und Nächte und die sechzehnstündige Reise werde ich nie vergessen.

Und nun genug! Wer Wien kennt und mich kennt, der mag zwischen den Zeilen lesen, was ich mit oder ohne Absicht übergangen habe.

Mir selbst aber ist es bei diesem Abschluss ein Bedürfnis, meinen wenigen treuen Freunden in Wien zu danken und meine Schüler zu grüßen. Ob diese Worte ihnen je zu Gesicht kommen werden, kann ich natürlich nicht wissen.

Briefauszüge 1873–1876

Die Weltausstellung betreffend

»Nun die Verwirrung sich gelöst und das Wetter Vernunft angenommen hat, ist der Eindruck schon ein großartiger. Die alten prächtigen Bäume sind mir freilich immer das Liebste.

Was die Gemäldeausstellung betrifft, so hat mich zuerst der seifige Terpentingeruch gestört, der wohl von der Feuchtigkeit herrührt. Nach allem und allem bin ich eigentlich froh, dass man für meine großen Leinwände keinen Raum gefunden hat. Ich habe Bilder gesehen – die Namen mündlich – über die ich wirklich erschrocken bin. Rahmen, so breit als mein Regenschirm lang ist oder altarmäßig aufgetakelt; darin Farben, wie man sie an Glasgemälden gewöhnt ist. Ein großer Cabanel – unmöglich! Die großen Courbets – unbegreiflich! Dann glaubt man wieder verputzte alte Gemälde zu sehen, absichtsvoll in Farbe und Zeichnung mit bekannten Namenszügen.

Die Belgier sind die schlimmsten. Was kompakte Darstellung betrifft, wie mir scheinen will, einige Franzosen weitaus die besten. Pecht sieht zu sehr durch die patriotische Brille, eine Gewohnheit, die in der Kunst der Gerechtigkeit zuwiderläuft. Viele Deutsche haben etwas – wie soll ich sagen – dünnes, buntes, auch teilweise Gesuchtes in den Sujets.

Einzelnes Gute und Schöne findet sich wohl bei näherem Studium, aber es kann, wie dies häufig das Schicksal der bescheidenen Schönheit ist, in der Masse des Mittelmäßigen nicht zur Geltung kommen.

Im obersten Stockwerk des letzten Saales, neben einer bengalisch beleuchteten Landschaft, fand ich meine Iphigenie, die – Du kannst Dich beruhigen – trotz der absichtlich schlechten Ausstellung – in ihrer Einfachheit einen schönen und würdigen Eindruck macht.

Im Künstlerhaus hat Makart ausgestellt. Schon unter dem Portal, von der Marmortreppe aus, sieht man die Katharina leuchten. Der Zuschauerraum ist durch schwarzes Tuch ganz verdunkelt, sodass das Oberlicht haarscharf wirkt. Das Bild müsste durch die raffinierte Aufstellung, selbst wenn es schwach in der Farbe wäre, immerhin eine magische Wirkung erreichen. Rechts und links exotische Gewächse.

Ich habe mich eines niederschlagenden Eindrucks nicht erwehren können, wenn ich bedachte, dass zwanzigjähriges Kämpfen und Ringen einen Menschen innerlich aufreiben muss, während einem andern, mag er mehr oder weniger Talent haben, vergönnt ist, rasch zur runden und vollen Erscheinung zu kommen. Dennoch möchte ich hier nicht auf einen Tausch eingehen. Mit brillanter Farbe die Unkenntnis des menschlichen Körpers bedecken, ist auch keine Freude. Mein bescheidenes Glück ist, dass meine Figuren Füße haben, zu stehen und zu gehen, und Hände, um etwas anzufassen.«

Selbstkritik

»In meiner Kunst war es bis jetzt zu einfach, wie ich jetzt wohl einsehe. Daran ist die fortwährende Stilübung schuld, das Unwesentliche fortzulassen; dann die Einsamkeit in Italien, wo nur Himmel und Meer glänzen und die Seidenmanufakturen in zweiter Linie stehen; endlich die Gegenstände meiner Bilder selbst, bei welchen die menschliche Form wichtiger erschien als die besten Schneiderkünste.

Abgesehen hiervon, könnte aber doch hier und da etwas, wie man mit dem Kunstausdruck sagt, virtuoser sein, ohne dass die große Fassung darunter leiden würde. Das lässt sich ändern, weshalb auch nicht?

Die Wahrheit zu sagen, war ich nie so heiter und fröhlich wie jetzt. Was habe ich mich zu sorgen? Glück und Gelingen liegen in meiner Hand; Talent und Stellung habe ich. Diese Woche geht es an die Arbeit. Die Weltausstellung besuche ich nicht mehr; meine Welt ist anderswo. Die Schüler sind bei mir gewesen; wir freuen uns alle auf den Beginn des Semesters. Mit den Professoren allen stehe ich auf herzlichem Fuße, wie sich dies von selbst versteht.

Einige Abende in der Woche treffe ich einen Kreis, der so ziemlich alles einschließt, was sich auf dem geistigen Tummelplatz der großen Stadt umtreibt: Gelehrte, Literaten und Journalisten, Musiker, Dichter, Schauspieler. Was andern Tages die Wiener Blätter füllt, wird hier besprochen und oft auch niedergeschrieben. Das ist etwas Neues für mich und interessiert mich. Die Herren von der Neuen Freien Presse sind mit dabei.

Ich fange an, hier eine Art von leisem Heimatsgefühl zu spüren; indessen da das Wetter rau ist und ich in Wien genug Salzstängerl, Autodafenspätzerl, Kaiserschmarren und Scheiterhaufenküchel genossen habe, so komme ich höchst wahrscheinlich Montag Nachmittag ins engere Vaterland zurück. Sonstiges mündlich.«

Ausstellung der Amazonenschlacht im Künstlerhause

»Man sagte mir, dass vom Professor bis zum Hausknecht herab sich alle über mein schlechtes Bild lustig machten. Es wurde mir dies mit vieldeutigem Lächeln verkündet.

Das ist so in Wien.

Der österreichische Kunstverein, bei dem ich wegen Mangel an Raum nicht ausstellte, das Künstlerhaus, in welchem ich des Oberlichtes wegen ausstellte, die Anhänger Makarts, denen ich unsympathisch, die Nachfolger Rahls, welchen ich unbequem bin, die Altösterreicher, welche die Fremden hassen usw., diese ganze Gegnerschaft ist, nach einem sonnigen Tag, im Dunkel der Nacht aus dem Boden gewachsen. Ich für meine Person bin an dergleichen Dinge hinreichend gewöhnt, um leidlich ruhig darüber hinwegzusehen. Nur für meine Schüler tut es mir leid. Wie kann ich es verantworten, sie auf meinem Wege weiter zu führen?«

Juli 1874

»Inzwischen hat die Schule sich wacker gehalten und nach allen Seiten gesiegt. Wir haben eine höchst erfreuliche Ausstellung. Die ehrliche Anhänglichkeit der jungen Leute entschädigt für alles.

Das lästigste in Wien ist für mich jetzt nur der unaufhörliche Sturmwind und Straßenstaub, der mir Beschwerden verursacht.

Früher soll es noch gefährlicher gewesen sein wegen der vielen Gründer und Kassierer, die sich tagtäglich aus den Fenstern herabstürzten. Dies hat nun nachgelassen.

Deckenpläne habe ich bereits vier verschiedene gezeichnet. Hansens Entwurf liegt neben mir; sehr zierlich. Er könnte auch einem Wartesaal erster Klasse angehören. Achtzehn kleine und ein großes Rondell, in das nur der Helios ohne Hören hineingeht. Was mich betrifft, so halte ich an den Titanen fest. Der Sturz ist voll malerischer Motive und schön in der Linie; ich habe es immer gewusst.«

Beschreibung des Mittelbildes: Sieg der Kultur über die rohen Naturkräfte

(Erster Entwurf)

»Oben in Gold und Purpur schleudert Zeus seine Blitze, beschirmt von allen streitbaren Göttern des Olymps. Kampf des obersten Titanen mit dem Adler. Jäher Sturz kopfüber auf der linken Seite; rechts türmen die Titanen Felsblöcke übereinander. Unten nächtliches, anbrausendes Meer, klagende Weiber, Tote, Verwundete, im Wasser Leichen, ungeheuerliche Fische mit aufgesperrtem Rachen, rechts Poseidon mit wild sich aufbäumenden Rossen und jugendlichem Wagenlenker, erlegt eine Hydra mit dem Dreizack; Hermes, der lachende Götterbote, bringt Botschaft von oben. Dunkler Himmel, Rauch, Brand an allen Ecken. Der leibhaftige Hesiod!«

Wien 1875

»Oberbaurat Hansen hat mich heute in dem neuen Akademiebau herumgeführt bis zum Giebel. Im Oktober meint er, mir ein großes Atelier einrichten zu können. Er rät mir, einstweilen mit den kleineren Nebengruppen zu beginnen. Ich möchte es eigentlich nicht, weil das große Mittelbild den Maßstab für den Rest geben sollte; wenn es aber nicht anders geht, so muss ich mich fügen. Der Saal ist schön. Dreißig Marmorsäulen, nicht zu hoch, nicht zu niedrig, intim und prächtig zugleich. Man kann sich nichts Harmonischeres denken. Mein Mittelstück ist glücklich erdacht.

Wenn es mir gelänge, wollte ich gerne sterben, es wäre genug für ein Menschenleben.«

Ohne Datum

»Der hinkende Bote kommt nach. Auf meine Berechnung folgte das Angebot eines Preises, welcher denjenigen eines Makartschen Bildes nicht erreicht, und es handelt sich hier um nahezu hundert überlebensgroße Figuren, auf neun Bilder verteilt. Nehme ich an, so bin ich in drei Jahren ein ruinierter Mann, wenn ich überhaupt noch lebe. Lehne ich ab, so lege ich ein Armutszeugnis ab. Sie werden sagen, dass ich der Aufgabe nicht gewachsen bin. Noch bin ich nicht entschlossen. Einerlei! Einstweilen gehe ich in Ferien nach Rom.«

Zwei Briefe aus Rom

Ferienreise 1875

»Gottlob, ich stehe nach hässlichen Kämpfen wieder auf meinem Boden, ein zweiter Antäus. Der Erste hatte wenigstens einen Herkules, der ihn erwürgte; ich verblute mich an Nadelstichen, gegen die ich mich nicht wehren kann.

Ich bin, wie ein anderer zerschlagener, jedoch berühmterer Wandersmann schlafend, zwar nicht in Ithaka, aber in Rom angekommen. Es ist mir, als wäre ich nie fortgewesen, und ich freue mich, durch die zwei Jahre in Wien nichts eingebüßt zu haben von dem, was mir als festes Eigentum in der Seele liegt.

Rom ist sehr bescheiden. Die Schönheit der Menschen ist mir als eine ganz neue aufgefallen. Sie ist, im Verein mit der plastischen Sprache und einer naiv harmlosen Art sich zu geben, rein erfreulich. Ich sehe meine alten Freunde und empfinde fortwährend eine innere Heiterkeit, wie es draußen nicht möglich ist.

In Wahrheit genügen stets nur wenige Tage, um mein ganzes Wesen zu verändern. Ich bin mir über vieles klar geworden, was mich bis jetzt dunkel bedrängte. Es ist wie ein stiller Friede über mich gekommen. Ich habe die Bitterkeit des letzten Jahres schon verschmerzt. Ohne Opfer geht es in meiner Kunst nicht ab, und ich bin bereit, Opfer zu bringen bis an das Ende, wenn ich sie nur rein erhalten kann.

Das heißt, wirst Du sagen: »Ich mache den Plafond?« Natürlich!«

Rom, Ostersonntag 1875

»Es ist herrliches Frühlingswetter. Ich arbeite bei offenen Fenstern, durch welche Lorbeer, Platanen, Aloen und immergrüne Eichen hereinsehen. Ich selbst bin um zehn Jahre jünger geworden. Ein so heiteres, stilles Glücksgefühl habe ich kaum je gekannt. Dem alten Riedel sind, als er mich sah, fast die Augen feucht geworden. Bei einem englischen Freunde war ich zu Tische; der große Bernhardinerhund hat mich sogleich erkannt. Des Abends trinke ich ein Glas Wein in einer Osterie der Fontana Trevi gegenüber. Wenn die Türe aufgeht, hört man das Wasser rauschen. Gott sei Dank, ich bin wieder Künstler!

In Wien altert man schnell; es ist zu unruhig, aber hier? – Ich denke oft an Vater und freue mich, dass ich so gesund geblieben bin in meiner Kunst, dass alle meine Gestalten Naturlaut haben. Ich habe stets nur aus der Natur heraus empfunden.

Alles ist freundlich mit mir, und was ich fühle und denke, steht im richtigen Verhältnis mit dem, was ich schaue und was mir entgegenkommt. Draußen bin ich fremd. Es ist die abgeschwächte Kopie von dem, was hier eine tausendjährige Kultur geschaffen hat. Mein Kommen wird Dir wohltun. Ich bringe reine Luft mit.«

Wien, Dezember 1875

»Ich bin, Hansens Rat folgend, an den Nebengruppen der Deckenbilder beschäftigt, Prometheus, Venus und die andern. Die große Titanenskizze ist in zwölf Tagen gemalt und gut ausgefallen. Amazonen und Gastmahl müssen für die Münchener Ausstellung neu übergangen werden. Es ist fast zu viel.

Der Winter ist sehr schwer. Anstrengung, Erkältung, Ärger! Die langen Fahrten in die Schülerateliers tun mir weh. Doch ist es dies nicht allein. Es ist eine neue Verfolgungsart in Szene gesetzt, die zu dumm und unerträglich ist, als dass ich heute darüber schreiben möchte. Sie wird aber wohl ihren Zweck erfüllen. Nächsten mehr.«

Ende März 1876
»Vorgestern waren alle Schüler bei mir, um die neuen Arbeiten zu sehen. Wie glücklich könnten wir sein, wie schön wäre die Welt, wenn – – –

Gesundheit total alteriert. Ich reise in den nächsten Tagen. Wahrscheinlich April. Werde wohl nicht nach Wien zurückkehren. Erschrick nicht über mein Aussehen. Es wird bald besser werden.«

Nürnberg

1877

Ich schreibe in Nürnberg, wo wir uns im Sommen 1876 niedergelassen haben, und ich werde mich kurzfassen, um meiner erzwungenen schriftlichen Liebhaberei – arbeiten kann ich nicht – keine Zeit zu gönnen, in Tagebuchseligkeit auszuarten, die ich hasse.

Meine vorjährige Krankheit war, der Hauptsache nach, durch Hilfe eines verständigen Arztes bald überwunden. Die Rekonvaleszenz aber scheint sich auf Monate und Jahre einrichten zu wollen.

Weshalb wir Heidelberg verlassen haben?

Weil ich ein leidenschaftliches und, wie ich glaube, berechtigtes Verlangen empfand, mich in einen andern, meiner Kunst günstigeren Boden zu verpflanzen. Wien und die Professur kann vor der Hand um meiner zerrütteten Gesundheit willen nicht in Rechnung kommen.

Ich strebte nach dem doch immer noch künstlerisch angehauchten Bayern; und da ich aus verschiedenen Gründen nicht nach München wollte, so lag das alte Nürnberg, an das mich liebe Jugenderinnerungen knüpfen, am nächsten. Dass meine Mutter sich dem anschloss, was für meine Kunst das Förderlichste erschien, war ihr natürlich.

Leicht wurde uns der Schritt wahrlich nicht. Heidelberg war ein Vierteljahrhundert hindurch unsere Heimat gewesen, und es sind wehmütige Gedanken, die mit den Bildern von Wald, Schloss und Neckar in der Erinnerung auftauchen. Natur, stille Poesie, angeregte Geistesluft und Freunde, wie man sie nur einmal im Leben besitzt!

Haben wir wohl getan, dies alles zu verlassen?

Ich glaube, ja. Noch mehr, ich glaube, wir hätten es früher tun sollen. Baden war leider für mich ein verlorener Boden. Weshalb bleiben? Länger bleiben, weil wir zu lange geblieben waren? Wie dem sei, geschehen ist geschehen, und den Erfolg muss die Zukunft entscheiden.

Meine Rekonvaleszenz wurde im vorigen Sommer nicht gerade gestört, aber doch etwas beunruhigt durch Nachrichten aus München, welche mir verkündeten, dass Amazonen und Gastmahl im dritten Stockwerk des Glaspalastes aufgehängt seien, wie vor sechs Jahren Medea und Urteil in Berlin. Ich wollte die Bilder zurücknehmen; das ging nicht. Ich petitionierte bei hohen Herren und einflussreichen Kunstfreunden; es half nicht. Sie blieben, wo sie waren, und ich reiste den 25. September als »einstweilen beurlaubter« Professor ab – nach Süden – ungewiss, wo ich bleiben sollte. Zunächst ging ich nach dem mir immer lieben Venedig. Ein monumentaler Auftrag der Nürnberger Handelskammer für die Ausschmückung ihres Saales im neuen Justizpalast hat mich in Nürnberg begrüßt, was ehrenvoll und erfreulich ist.

Briefauszüge 1876–1878

Die Ausstellung in München

München, 27. September 1876

»Ich bin gestern ganz wohl hier angekommen, und da ich im Gasthof ein behagliches Eckzimmer fand, werde ich zwei Tage hier bleiben.

Auf der Reise ist mir nichts aufgefallen, als dass in Schwabach eine Dame ein Goldfischchen in einem mit Wasser gefüllten Bierkrug zur Bahn brachte, welchem Vorgang ich eine verständnisinnige Beachtung schenkte.

In der Ausstellung bin ich heute Morgen gewesen und werde auch nochmals hingehen. Meine Bilder hangen haushoch und wirken wie kleine Salonlandschäftchen. Man kann wenig von ihnen sehen, und das ist das beste von der Sache. Auf der Galerie gegenüber steht man in Turmhöhe. Wer schwindelfrei ist, kann die beiden Gemälde unter sich sehen, in einer Entfernung, die – mit einiger Übertreibung – vielleicht halb so groß ist, als diejenige von der Rosenau bis zum Spittler Tor. Dem Agathon gerät die Spitze einer Pyramide von Wiener Glaswaren zwischen die Beine.

Es macht nichts; für den Raum sind die Bilder ja eine ganz leidliche Dekoration. Für sich selbst können sie überhaupt nur wirken, wenn man ihnen in Augenhöhe gegenübersteht, wie in wohl- und gleichberechtigter guter Gesellschaft. Meinen Studienkopf mit dem Prämienzettel habe ich auch gefunden. Natürlich kommt die Prämie auf Rechnung des Freundes L. Die gute Iphigenie sitzt, wie immer, sehr anständig da. Makarts Bilder sind mehr als je mit schwarzen Tüchern versehen und bedürfen sie auch; doch ist die Draperie diesmal weniger gut ausgefallen, als in Wien. Als der Beste erscheint mir Lenbach, obwohl etwas zu absichtlich. Er ist ein wirklicher Künstler, was in einer modernen Kunstausstellung in der Regel nicht von sehr vielen gesagt werden kann.

Ich bin in einer Art von ruhiger Behaglichkeit in dieser mir fremden Welt umhergewandert. Was ich sehe, geht mich nichts mehr an. Ich habe meine Rechnung geschlossen. Morgen werde ich die Freunde aufsuchen und übermorgen getrost nach Venedig abreisen, wo ich Zimmer in der Luna bestellt habe.«

Bozen, 1. Januar 1876

»Des schönen Wetters willen bleibe ich auch hier ein paar Tage und sitze in einem freundlichen Zimmer bei abgekühlter Temperatur. Allabendlich Musik! Ich hörte sogar den ersten Akt des »Freischütz« im Hoteltheater. Der Tenor hatte einen Pfropfen im Halse, und die Gewehre wollten nicht losgehen.

Was mich betrifft, so bin ich weise geworden und sehe vieles ein. Illusionen habe ich keine mehr; überzeugen kann ich die Welt nicht in diesem kurzen Leben, noch weniger mich ihr unterordnen. Über den Rest wollen wir uns nicht den Kopf zerbrechen.«

Venedig, Anfang Oktober 1876

»Heute morgen habe ich ganz allein eine Stunde vor der Assunta gesessen. Es würde unnütz sein, auszusprechen, was mir durch die Seele ging. Das Herz schwoll mir auf, als ich meine Vergangenheit überschaute. Ich brauchte nicht als Künstler, sondern nur als Mensch zu empfinden. Venedig ist das alte. Es sind 20 Jahre dahin. Mir ist es wie ein Traum.«

Das Konzert

24. Oktober 1876

»Nach einigen kalten Regentagen ist wieder herrliches Wetter.

Beiliegend ein kleiner Entwurf zu einem venezianischen Bilde, den ich bitte mir im nächsten Brief zurückzusenden. ›Ein Quartett oder Konzert.‹ Was an dem Figürchen rechts in der Stellung an die Cäcilie erinnert, wird bei dem späteren ›nach der Natur empfinden‹ ganz hinwegfallen. Die Frau rechts hat Pause, die links spielt Pizzicato mit gesenkter Violine. Der Engel unten sitzt höher, am Fuß der rechten Figur.[15] Architektur, weiß mit Gold, hinten Luft, die Figur rechts Goldbrokat, die Bratschistinnen Purpur und Violett.

Die Modelle sind arme Musikanten. Wer weiß, wann ich sie je so wieder zusammenfinde! Ich bedarf ihrer zum Studium für richtiges Greifen der Hände.«

April 1877

»Den Tempelbau für das Konzert habe ich hier im Hof des Dogenpalastes gefunden. Der Reichtum Venedigs tut sich, wie alles Echte, nur nach und nach auf. Anderthalb Stunden im Freien malen darf ich ohne Schaden wagen. Die Arbeit erfordert große Gewissenhaftigkeit. Ich denke, es wird mein bestes Bild werden, aber ich kann es nur in Italien machen.«

Letzte römische Reise

Bologna, September 1877

»Wohltuend ist mir die klösterliche Stille in dem alten Kulturland Italien, gegenüber dem fieberhaften Getriebe in

---

[15] Der kleine Engel wurde bei der Ausführung weggelassen.

unseren modernen Bildungsstätten, wo jedes Piephuhn krähend versichert, dass es sich demnächst in einen Adler verwandeln werde.

Ich komme soeben von der heiligen Cäcilie. Das Bild ist unsagbar schön in Form und Seelenausdruck. Die umherliegenden Instrumente sind von Johann v. Udine im Geiste des Meisters gemalt. Wie beschämt eine so tiefe Seelenversenkung unsere selbstgefällige Epoche.

Hier in Bologna sind, außer vielen andern schönen Dingen, auch prächtige Weinkarren zu sehen; ganz antik, ein jeglicher von silberfarbigen Ochsen gezogen; Fass, Gestell und Räder mit Basreliefs von Bronze umhüllt. Der Wirt sagte mir, je reicher der Besitzer, desto schöner verziert der Wagen.«

Florenz

»Ich schicke freundliche Grüße. Heute Nacht fahre ich nach Rom, um meine dortigen Angelegenheiten definitiv zu ordnen. Ich habe mit Absicht gezögert, weil ich mein eigener Arzt sein muss, Ruhe und Stille bedarf und keine Anstrengung ertrage. So habe ich denn hier noch einmal in Ruhe die schönen Sachen angesehen; gestern zuletzt das Grabmal der Medizäer. Der Eindruck ist unbeschreiblich, wenn man selbst zu bilden versteht.

Ich fühle mich angegriffen und hoffe auf den nie versagenden Einfluss Roms.«

Rom, 27. September 1877

»Seit einigen Tagen hier, war ich in so großartig ruhiger Stimmung wie noch nie in meinem Leben. Hätte ich schreiben können, Du hättest einen Brief erhalten, wie Du noch keinen gelesen. Im raschen Überblick hat sich mir hier mein Wirken vorgestellt, und ich musste mir sagen, dass meine Irrtümer Stecknadelköpfe auf einer Kegelkugel sind. Ich habe ein wirkliches Glücksgefühl gehabt, dass ich meiner Welt so treu geblieben bin.

Es ist alles in bester Ordnung. Zehn Bilder in verschiedenen Größen, jedes wert, ausgeführt zu werden, und hundert Handzeichnungen, sämtlich wohl aufbewahrt. Ich bin wohl, alles ist freundlich und herzlich gegen mich. In einigen Tagen gehe ich nach Venedig zurück. Die Untermalung des Nürnberger Bildes ist fertig und steht in meinem Atelier, das sehr hübsch in einem verwilderten Orangen- und Rosengarten gelegen ist. Ich habe Privatwohnung in Venedig genommen bei zwei alten Damen. Sie heißen sorelli Raffaelli.«

Abermals Venedig, 18. Februar 1878

»Heute über acht Tage kann ich auch unter das Nürnberger Bild meinen Namen schreiben. Die Beschauer sitzen stundenlange davor. So ist es recht. Ich liebe es nicht, sonderlich gelobt zu werden, aber die Freude der andern gibt mir Befriedigung. Ich wünsche auch, dass die Besteller Freude an dem Bilde haben möchten. Eine gewisse großartige Heiterkeit, die mir im Leben versagt ist, bleibt mir wenigstens in der Kunst.

Ich schicke den Kaiser Ludwig Ende März ab. Die letzten vier Wochen sind immer die entscheidenden für die Vollendung einer Arbeit. Man geht daran vorüber, und im Vorbeistreifen entstehen die letzten Feinheiten.«

Acht Tage später

»In den ersten Apriltagen komme ich. Langes Schreiben ist unnötig.

Nach meiner Rückkehr beginne ich das große Werk, die Titanen. Ein Saal ist gefunden und gemietet, alle Studien bereit. Die Kosten für alles, was zu diesem Unternehmen nehmen gehört, sind so enorm, die Aufgabe so ungeheuer, dass die Gefahr sehr nahe liegt, Schiffbruch zu leiden. Aber ich werde es versuchen.

Ängstige Dich nicht. Das Übermaß von Illusionen war mir bis jetzt schädlich; vielleicht ist es ein gutes Zeichen, dass ich jetzt am Gegenteil leide. Wien hat mich verändert, ich hoffe, gereift. Nur die Krankheit war überflüssig, das kann ich nicht vergessen.«

März 1878»

Man hat mir die kleine Insel Isea mit Klostergebäuden, Garten und Weinberg für 10000 Franks zum Kaufe angeboten. Ich werde auf der Heimreise den kleinen Umweg über Brescia machen und den mir als paradiesisch geschilderten Winkel in Augenschein nehmen.

Wir könnten im Notfall ein Hotel einrichten, wenn es mit der Kunst nicht mehr fort will. Wie meinst Du? Die Idee ist so übel nicht. Ich will dann auch auf meiner Insel begraben sein. Die Grabschrift ist schon fertig; sie lautet:

Hier liegt Anselm Feuerbach,
Der im Leben manches malte,
Fern vom Vaterlande – ach –
Das ihn immer schlecht bezahlte.«

20. August

»Während einer kurzen Abwesenheit in Bassano zur Sommerfrische ist mir in meinem Leben zum ersten Mal ein Zeichen der Anerkennung von einem Throne zugekommen. Du wirst bereits wissen, dass der König von Bayern mir einen Orden verliehen. Es ändert dies zwar nichts an meinen Verhältnissen, aber das unverhoffte Denken an mich ist erfreulich.«

Ohne Datum

»Nötig zu berühren ist Folgendes, aber ich bitte, antworte nicht darauf.

Mein Konzert ist bis auf die letzte Hand vollendet, aber der Rahmen noch nicht fertig. Das Bild würde ohnehin ruhen, da die Musikgesellschaft, die ich immer des Abends spielen hörte – sechs Personen an der Zahl – denen ich die Handgriffe und Fingerbewegungen ablauschte, bei einer nächtlichen Lustfahrt nach dem Lido vom Dampfer überfahren und – Mann und Weib – elendiglich ertrunken sind.

Die Nachricht begrüßte mich des andern Morgens beim Frühstück.«

November 1879

»Ich danke für Deine Nachricht. Der König von Bayern hat königlich gehandelt. So ist nun die zehnjährige Wanderschaft der Medea zu Ende, und sie hat ihre Heimat gefunden.

Glaube mir, nach fünfzig Jahren werden meine Bilder Zungen bekommen und sagen, was ich war und was ich wollte.«

Beschreibung des Ateliers

21. Dezember

»Es sieht großartig und stattlich in meinem kleinen Atelier aus.

Im Hintergrund auf der Staffelei steht der Prometheus. Durch Aufhebung des Ovals wird das Bild, ein schönes Galeriestück, eine andere Komposition. Ich gewinne dabei an Landschaft und Figuren, ohne dass der Linienzug alteriert wird. Venus, Gäa, Uranus füllen die Seitenwände des Ateliers. Vorne steht mein letztes Bild, mein Konzert. Ein Galeriebild von vier Meter Höhe im Rahmen. Letzterer ist ein Meisterwerk von durchbrochener Renaissanceschnitzerei, dabei ganz leicht, dunkelbraun mit einem goldenen Lorbeerstab, darin ruht der weiße Marmortempel. Trotzdem ich zu den Figuren eigentlich kein Modell gehabt – ich konnte mich nach dem Unglück nicht entschließen, andere Modelle zu nehmen – sind sie doch warm und seelenvoll.

Ich kann es nicht anders ausdrücken: das ganze Bild erscheint mir wie die Verklärung einer Malerseele.

Lasse Dir dieses gesagt sein.«

Letzte Aufzeichnung

Wer dient seinem Vaterlande besser, derjenige, welcher den Mut hat, die Wahrheit zu sagen, oder derjenige, welcher die auffälligsten Gebrechen mit patriotischer Lüge überklebt?

Viel heiter Belehrendes habe ich meinem Vaterlande in meiner Kunst geboten. Es hat mich nicht aufgenommen und ist andern Künsten nachgegangen.

Nicht meine Schuld ist es, wenn die Blüte meiner Kunst nicht voll und freudig in das Dasein getreten ist. Was die gütige Natur mir in die Seele legte, das hat die Härte und das Unverständnis meiner Zeitgenossen in seinem Wachstume aufgehalten und verkümmert.

Dieses wollte ich sagen, nicht um meiner selbst willen – was würde es mir jetzt noch nützen? – aber um der Wahrheit willen und für künftige Zeiten. Denn die Gerechtigkeit wohnt in der Geschichte, nicht im einzelnen Menschenleben.

Anhang

Einleitung

Die gegenwärtige kleine Sammlung von Aphorismen, welche ich in künftigen guten Stunden zu vergrößern hoffe, ist nicht so harmlos, wie ihr Titel verspricht. Er sollte eigentlich nicht »Anhang«, sondern »Abwehr« lauten, was aus Schicklichkeitsgründen unterblieb, aus Wahrheitsliebe und zu wohlgemeinter Warnung hier aber nachgetragen wird.

Nicht dass ich die Lesewelt zu belehren wünsche über das, was jeder gesund organisierte Mensch von selbst fühlen sollte, sondern die folgenden kleinen Aufsätze sind niedergeschrieben aus einem ethischen Reinigungsbedürfnis und als erster Spatenstich zur Wegräumung eines fünfzigjährigen Schuttes.

Vielleicht ermutigen meine Worte einen ernsten Künstler, der sich eines würdigen Strebens bewusst ist, in einem Augenblick, wo er, des Kampfes müde, den Harnisch ablegen will. Dies ist alles, was ich begehre.

Künstlerisches

Um ein guter Maler zu sein, braucht es vier Dinge: Ein weiches Herz, ein feines Auge, eine leichte Hand und immer frisch gewaschene Pinsel.

Kolorit und Illumination

Kolorit ist das vergeistigte Spiegelbild der in der Schöpfung zerstreut umherliegenden Dinge in ihrer Gesamtheit, ihr verklärter Abglanz in einer künstlerisch begabten poetischen Seele. Illuminist ist derjenige, welcher das ihm für den einzelnen Moment brauchbar Scheinende sofort im Einzelnen zusammenträgt und mit mehr oder weniger technischem Geschick für seinen Zweck benützt.

Wer in asiatische Prunkteppiche eingehüllte Schemen ohne Fleisch und Knochen für große Kunst hält, der besehe sich in Italien die alten Originale, welche alle von dem tiefsten Respekte für die Natur beseelt sind. Wollte einer unserer berühmten Modernen eine einzige seiner ephemeren Gestalten so durcharbeiten, wie er es an diesen ewig gültigen Mustern vor Augen sieht: sofort würde sein koloristisches Kartenhaus zusammenstürzen, und beschämt müsste er sein lebendes Modell nach Hause schicken.

Es erkundigte sich einmal jemand nach der Figurengröße eines Bildes von .... »Wenn Leute in den Kleidern steckten, wären sie lebensgroß«, war die Antwort.

Der Künstler suche der menschlichen Erscheinung gerecht zu werden und denke dann bei mäßigem Schneidertalent an die etwaige Bekleidung. Wer mit dem Schneider anfängt, bleibt gewöhnlich bei dem Metier, besonders wenn dasselbe einträglich ist.

Tiepolo

Man findet mit einiger Überraschung im Treppenhause des Würzburger Schlosses die Originalien zu vielen bekannten und bewunderten Motiven aus unseren Tagen, selbst bis herab auf den Sonnenschirm, nur aber mit Hinweglassung von Tiepolos farbenseligem, leichtem Pinsel.

»Hummersalatartige Farben sind kein Kolorit«, würde Correggio sagen, und Raffael würde fragen: »Wo ist die Psyche?« Kein Billroth wäre imstande, die lebensgefährlichen Knochenbrüche zu heilen.

Im gründlichen Studium der Natur allein ist ewiger Fortschritt.

Paul Veronese

Veroneses Nachfolger verhalten sich zu ihm wie der Bediente zu seinem Herrn, dessen Art und Benehmen er sich durch jahrelange Gewohnheit insoweit angeeignet hat, um in Abwesenheit desselben, Ungebildeten gegenüber, für kurze Zeit den Herrn spielen zu können.

Die brutale Aufdringlichkeit der Farbe freilich finden wir bei Veronese niemals; daran erkennt man die Modernen. Paul Veronese ist bescheiden wie ein echter Kavalier, und hat nie das Wesen eines Parvenü. Die Beweglichkeit und Anmut seiner Gestalten ist stets mit der Sicherheit gezeichnet, welche vollkommenes Vertrauen einflößt; seine Farbe ist immer im Rapport mit der Natur, sei es, dass seine Figuren in geschlossenen Räumen oder in freier Luft sich bewegen. Seine kühnsten Verkürzungen zeigen stets die vollkommenste Kenntnis des menschlichen Organismus.

Man nehme jeden beliebigen Frauenkopf aus dem Bilde heraus, und man wird staunen über die Formenvollendung und seelenvolle Schönheit desselben. Es sind nie Loretten, sondern stets Frauen im edelsten Sinne.

Ich kenne keinen Maler, dem es gegönnt gewesen wäre, aus nächster Umgebung den Extrakt seiner Zeit zum vollendeten Typus zu gestalten, wie Veronese. Er ist nicht im Treibhaus erwachsen, sondern in feuchtfrischer Meeresluft, umgeben von Marmorpalästen und malerischen Menschen, seien sie in Brokat oder in Lumpen gekleidet. Er hatte nicht nötig, seine Schränke mit Karnevalstoffen zu füllen; das menschlich Gegenwärtige war das unerschöpfliche Feld seiner wahrhaftigen Kunst.

Es gibt eine Kunstrichtung in unserer Zeit, welche Vernichtung alles Idealen, das Aufgehen in romantischem Materialismus, in theatralischer Sentimentalität, mit einem Worte, den Triumph der Gliederpuppe darstellt.

Die Theaterempfindung, der Pappdeckelkultus ist das Gift, von welchem die Kunst verzehrt wird. Wir müssten, um neu zu erstehen, auf grenzenlosem Schutt bei Holbein beginnen.

Titian

Ist das ein Kunstwerk, dessen Anlage wir bei dem geringsten eingehenden Studium der Natur sofort zerstören müssten? Sollte die Technik nicht nur Ausdruck des inneren Gehaltes sein?

Vereinfacht die Technik sich nicht bei jedem Fortschritt eines wahrhaft großen Meisters? Wird er auf der Sonnenhöhe seines Lebens nicht den kürzesten und einfachsten Ausdruck seines Denkens suchen?

Ist die Kunst da, um durch Virtuosität die Sinne zu blenden, oder soll sie ein Kultus sein, der die Seele über den Staub erhebt?

Nicht umsonst hat Michel Angelo geschrieben:

»Weh jedem, der vermessen und verblendet
Die Schönheit nieder zu den Sinnen reißt;
Zum Himmel trägt sie den gesunden Geist!«

Unter allen Venezianern ist Titian der, im besten Sinne des Wortes, uns am nächsten verwandte Künstler. Obgleich sein eigenes Inneres der mächtigste Faktor seines Schaffens ist, so steigert er doch die Beobachtung von außen herein bis zur höchsten Feinheit und erhebt seine Werke, wie Pietro Martyr, zu symphonischer Größe und, wie die Assunta, zum Hymnus des Erdentrückten – trotz aller Glut der Farbe.

Dies alles diene zum Beweis, dass der große Kolorist nicht nur eine Seele haben darf, sondern dass er sie haben muss.

Historie und Genre

Der landesübliche Vergleich der Historienmalerei mit der dramatischen Dichtung, des Genre mit der Lyrik, ist ganz unbrauchbar, weil in der Dichtkunst Dinge auszusprechen erlaubt sind, die die Grenzen der Malerei überschreiten und umgekehrt. Wenn der Dichter malt und der Maler dichtet, so geht das nebenher und erschöpft nicht das einem jeden angewiesene Feld.

Die Historienmalerei, gleichviel in welchen Dimensionen, bezeugt sich stets in der vollendeten Erschöpfung ihrer Darstellung. Sie macht ihre Gestalten unabänderlich, indem sie dieselben, unbeschadet ihrer Individualität, stets als Typus einer Gattung hinstellt. Das lebende Modell darf nur mit großer Vorsicht, in stetem Hinblick auf den Zusammenhang des Ganzen benützt werden.

Die echte Historie muss in erster Linie das Ethische, menschlich Große festhalten, gleichviel in welchem Kostüm sie sich bewegt.

Ein geistvolles Porträt der Neuzeit in moderner Kleidung kann somit im besten Sinne des Wortes ein Historienbild genannt werden.

Es ist Gebrauch geworden und bezeichnet eine in unsern Tagen berühmte Schule, dass lebensgroße, theatralisch aufgeputzte Genrebilder als Historienbilder aufgetischt werden. Es ist dies eine verhängnisvolle Verwechslung der Grundprinzipien unserer Kunst.

Der Genremaler kann beliebige tragische oder drollige Figuren und Szenen darstellen; hat er noch dazu das Glück, einen novellistischen Hintergrund zu finden, so ist allen Anforderungen genügt. Wenn ich aber den schönsten Münchner Sackträger in die Tunika steckte, so habe ich noch lange keinen Brutus geschaffen; und wenn ich ein schönes Mädchen male mit Schmetterlingsflügeln an den Schultern, so ist es eine maskierte Psyche. Gelingt es mir aber, mich über das Modell hinauszuheben zu einer typischen Gestaltung, so habe ich als Historienmaler geschaffen.

Man erkennt den geborenen Historienmaler und den Genremaler sofort an der Wahl ihrer Gegenstände.

Das Genre unterhält und erheitert, die Historie erhebt und belehrt.

Monumental und Dekorativ

Die Größe der Bildfläche hat auch hier keine Bedeutung. Die typische Größe der Form und Gestaltung, gleichviel ob farbig oder grau in grau, ist allein maßgebend.

Raffaels kaum einen Quadratschuh großer Ezechiel ist gewiss monumental, während LeBruns große Zeremonien- und Schlachtenbilder bloß Dekorationen sind.

Eine kleine Handzeichnung von Michel Angelo ist monumental; der berühmte Münchner Wallenstein kommt über die Bühne nicht hinaus.

Rubens kleinste Kindergruppen können in schöner Architektur stehen.

Die verachteten Zopfmaler haben noch Fühlung und Schulung der alten großen Zeit bei aller Geschmacklosigkeit des Details. Unsere Gegenwart aber liebt die Dekoration nicht nur im Theater, sondern auch in den Galerien.

Theaterempfindung in der Kunst

Die große Vorliebe für das Theater, das Vermögen, Gutes und Schlechtes zugleich aufzunehmen, haben ein starkes und tiefes Empfinden der Wahrheit in den Grundfesten erschüttert.

Die gesetzlichen Schranken in der Kunst sind durchbrochen, und der Schlamm des Alltagslebens überflutet das poetische Gebiet mit Maßlosigkeit, die aus Armut, und mit Übertreibung, die aus Unvermögen erzeugt sind. Hier und da steht eine Blume, aber sie wird übersehen und welkt unbeachtet.

Niemals wurde mehr von Kunst gesprochen, und niemals wurde sie weniger empfunden als in unseren Tagen. Starken und treuen Seelen geht man aus dem Wege, und die Geschmacksepidemien brechen sonderbarerweise in verschiedenen Ländern zu gleicher Zeit aus.

Accessoirmalerei

Eine löblich posamentierte Goldtapete als Hintergrund, ein mit rotem Samt gepolsterter Renaissancestuhl, ein graues Seidenkleid in Lebensgröße nach der Gliederpuppe, ein falsch modellierter Kopf und schlechte Hände: dies ungefähr kennzeichnet das gewöhnliche Salondamenporträt des neunzehnten Jahrhunderts.

Man vergleiche nun Van Dyk und Velasquez. Bei ihnen ist stets das breit, pastos, malerisch impostierte Fleisch die Hauptsache. Hintergrund einfach, Kleidung in der Silhouette richtig skizziert mit wenigen Strichen, nach der Natur gezeichneten Falten an den Gelenken. Meisterhafte Hände, jeder Kopf für sich ein Galeriestück.

Industriekultus als Beförderer der Kleinkunst

Bei den Alten erstarkte die große Kunst am Götterkultus; aus abstrakt religiösen Typen wurden menschlichere Formen entwickelt und mit der Zeit dem häuslichen Kultus zugänglich gemacht. – In unserer Zeit will man anders verfahren; man plündert eine tausendjährige Kunst- und Industrieperiode im Kleinen und glaubt durch Hebung des Geschmacks im Allgemeinen allmählich zur menschlich monumentalen Kunst hinaufklettern zu können.

Man glaubt, dass jemand, der einige pompejanische Töpfe besitzt, auch eine richtige Anschauung des vatikanischen Apollo haben müsse. Nicht will ich leugnen, dass es besser sei, sich im Kleinen zu vervollkommnen, wenn man im Großen nichts zu leisten vermag, allein dann sollte man bescheiden von Industrie, nicht aber von Kunst sprechen. Lebensgroße, dekorativ arabeskenhafte, konventionelle Gestalten sind keine monumentale Kunst. Diese muss unmittelbar aus der Natur und aus der großen Auffassung derselben hervorgehen. Wo die freie Schöpfung fehlt, weht kein Flügelschlag der Poesie.

Realistische Kleinkunst

Diese hat in den Augen des Publikums den Vorzug, für jedermann verständlich zu sein. Wer indes glaubt, große Kunst mit dem Verstand und angelernter Bildung zu begreifen, der ist im Irrtum. Um große Kunst nachempfinden zu können, braucht es in erster Linie Herz und Fantasie. Der Verstand kann nachher kommen und sich die Sache zurechtlegen.

Wer ein Kunstwerk gleich auf den ersten Blick zu verstehen meint, mit allem, was darum und daran und dahinter ist, der sollte etwas misstrauisch sein und sich vorsehen. Wird es ihm aber bei dem Anschauen eines andern wohl und freudig zumute, ohne dass er weiß warum, dann möge er ruhig stehen bleiben. Es wird wohl etwas Gutes sein.

Originalitätssucht aus Mangel an Schule

»Das Werk mag viele Fehler haben, aber eines muss man ihm lassen – originell ist es.« So sprechen gewisse Leute und ziehen die Augenbrauen in die Höhe.

Was ist originell? Alles und jedes in der Welt ist schon einmal da gewesen und leider fast immer besser. Was aber aus der tiefsten Seele des Menschen kommt, ist demungeachtet immer originell.

Übertriebene Charakteristik

Übertreibung im charakteristischen Ausdruck ist eine Modekrankheit. Sie entsteht aus Oberflächlichkeit und endigt mit der Karikatur.

Wer nicht Kraft hat, die Wesenheit seines Gegenstandes in der Tiefe zu fassen, der holt sich ein Stück von der Außenseite und spitzt es so lange zu, bis es dem Publikum in die Augen sticht.

Die Akademien

Rücksichtlich sei der edle Mensch und rücksichtsvoll! – Darum, ihr angehenden Kunstjünger, besucht den akademischen Elementarunterricht: er kommt am billigsten. Wer dann unter euch ein gottbegnadeter Flötenspieler ist, der bläst beizeiten die eigene Melodie; in der Schule lernt er nur den eintönigen Chorus.

Studiert die alten Meister, legt zur rechten Zeit eure eigene Individualität in die Wagschale, dann werdet ihr ziemlich genau erkennen, was ihr vermögt. Andere Wege gibt es heutzutage nicht.

Das angeborene Talent lässt sich durch keine Schule ersticken, ebenso wenig als es sich da, wo es fehlt, ersetzen lässt. Talent ist der gesunde Drang, herauszuschaffen, was in uns liegt.

Nie aber ist das Richtige das, was ihr macht, sondern wie ihr es macht. Das beherziget wohl.

Rücksichten verbieten mir, mehr zu sagen, da ich beurlaubter Akademieprofessor bin.

Zur Betrachtung eines Kunstwerkes

Wer ein Kunstwerk verstehen und genießen will, der gehe womöglich ohne Begleitung und kaufe sich einen Stuhl, wenn solcher zu haben ist, setze sich in richtiger Distanz und suche, in Schweigen verharrend, wenigstens für eine Viertelstunde sein verehrliches Ich zu vergessen. Geht ihm nichts auf, dann komme er wieder, und ist ihm nach acht Tagen nichts aufgegangen, dann beruhige er sich mit dem Bewusstsein, das Seinige getan zu haben. Fängt aber innerhalb dieser Frist der magnetische Rapport an zu wirken, wird es ihm warm um das Herz und fühlt er, dass seine Seele anfängt, sich über gewisse Alltagsvorstellungen und gewohnte Gedankenreihen zu erheben, dann ist er auf gutem Wege, begreifen zu lernen, was die Kunst ist, und was sie vermag.

Es versteht sich von selbst, dass hier nur von Galerien, Kirchen oder stillen, würdigen Privaträumen die Rede sein kann.

In Ausstellungen kann man keine Bilder betrachten; man sieht nur, dass sie da sind. Für die Mehrzahl der Besucher ist dies allerdings genügend; für den Künstler freilich auch, da er in einer Minute mehr sieht und vermisst, als der Laie in Stunden und Tagen.

Kunstausstellungen

Alles menschliche Sehen, Hören, Denken und Empfinden hat seine Grenzen. Jedermann hält sich die Ohren zu, wenn zehn Drehorgeln zusammenspielen, jede ihr eigenes Stück.

Das Beste in der Kunst kann nur für sich allein genossen werden.

Unsere Ausstellungen sind krankhafte Beruhigungsanstalten, in welchen die Quantität für die fehlende Qualität entschädigen soll.

Bei Gelegenheit solch großer Kunstmärkte bemächtigt sich meiner stets ein Gefühl von tiefer Niedergeschlagenheit, ein Mitleid mit all diesen, wenn auch selbst mittelmäßigen Werken, die doch in stiller Liebe erzeugt sind und nun einer unverständigen, lieblosen Schaulust zu flüchtiger Unterhaltung dienen müssen.

In den großen Ausstellungen feiert die technische Virtuosität kraft ihres Verblüffungsvermögens den glänzendsten Triumph. Sie geben dauerndes Zeugnis von dem Geiste unseres Jahrhunderts.

Was würden Raffael und Titian, Rubens und Van Dyck gesagt haben, wenn man ihnen zugemutet hätte, ihre Werke einer mit Verlosung verbundenen Gewerbeausstellung zu übergeben!

Die Kunstvereine

»Ein jedes Tierchen hat sein Pläsierchen«; haben wir keine Kunst, so haben wir wenigstens ein Künstchen! Gott ist auch im kleinsten groß. Welche Kunstgenüsse kann sich der Gebildete mit einem Fond von 300 Mark nicht verschaffen.

Wie viele mittelmäßige Familienväter haben wir vom Hungertode gerettet! – das Genie bricht sich selbst seine Wege, wenn es auch seine Produkte nirgends anbringt.

Wozu Historie? Ein Histörchen, wie erfreut es zuweilen das Herz des Biedermannes! Dann die lieben kleinen Genrebildchen! – Und die Damenmalerei streut Rosen auf unsere Kartoffeläcker.

Wie reizend auch spielen patriotische Gefühle in das deutsche Familienleben hinein; was kümmert uns die Mache, welche wir ja doch nicht verstehen, wenn nur Geist und Gemüt vorhanden sind. –

Es gibt nur ein deutsches Gemüt!

Wir geben dieses Jahr ein Vereinsblatt heraus: »Des Kriegers Heimkehr«, und unsere Enkel sollen sich daran bilden und erfreuen.

So spricht der Direktor des deutschen Kunstvereins und trinkt sein Glas Bier aus.

Gott segne Euch, Herr Stille!

Amen.

Kunstkritik

»Der Teufel hole die ärztliche Praxis«, sagte mir ein Schweizer Arzt in Rom. »Stirbt der Patient, so habe ich ihn umgebracht. Bringe ich ihn durch, so hat es die Madonna getan.«

»Was mich betrifft, so geht mirs nicht besser«, antwortete ich. »Gelingt mir ein Bild, so habe ich es von den Alten gestohlen, missglückt es, so war ich nichts Besseres wert.«

Ein gutes Wort wirkt schöpferisch und erweckt neue Ideen. Eine alberne Bemerkung kann eine ganze Saat verwüsten.

Tadeln ist leicht, deshalb versuchen sich so viele darin. Mit Verstand loben ist schwer, darum tun es so wenige.

Niemand urteilt schärfer als der Ungebildete; er kennt weder Gründe noch Gegengründe und glaubt sich immer im Recht.

Das echte Kunstwerk bedarf keiner Vermittlung. Es spricht oder schweigt, je nach der Natur des Beschauers.

Das echte Kunstwerk bildet uns, indem wir es genießen. Mangel an Erklärung befördert bekanntlich den Kunstgenuss sehr.

Bezahlte und unbezahlte Kritiker sind häufig aufdringliche Dolmetscher ihres eigenen Ichs. Um der Kunst gerecht zu werden, müssten sie den langen mühseligen Weg des Künstlers gehen.

Wollte ich des Falschen und Verkehrten genügend Erwähnung tun, welches ich auf diese Weise in dem dornenvollen Laufe meines Lebens erfahren habe, so könnte ich ein eigenes Buch darüber schreiben, das dann hoffentlich niemand lesen würde. Die guten Worte vernünftigen Lobes und Tadels würden darin verschwinden wie Tropfen im Meere. Doch habe ich auch solche gefunden und aufbewahrt.

Das Beste, was über mich geschrieben wurde, stammt aus der Feder eines Berliner Kritikers und lautet so: »Wenn man vor einem Feuerbachschen Bilde steht, so weiß man nicht, was man sagen soll.«

Die kürzeste Antwort ist die beste. Man schweigt still.

Ich möchte einige Worte über etwas sagen, welches ich bis jetzt aus verschämtem Patriotismus übergangen habe, nämlich über:

Die Deutschen in Rom

In der Regel mit wenig Geld, aber im Vollgefühl seiner kulturgeschichtlichen Wichtigkeit und in der unumstößlichen Sicherheit überschauenden Verständnisses tritt der gelehrte Deutsche einer tausendjährigen Kultur gegenüber. Ausnahmen lasse ich gelten. Wir sehen ihn mit dem Strohhut im Winter, den unvermeidlichen Plaid über die Schultern geworfen, Kleider und Stiefel nach dem schlechtesten Modell, wie er verlegen triumphierend einherschreitet; jeder Schritt – klassischer Boden! –

Er hat alles vorher gewusst, nur vielleicht besser, als es Frau Historia zustande gebracht. Will es ihm aber doch etwas unheimlich zumute werden und die Zuversicht ins Wanken kommen, dann macht er sich auf, um sie im kälteren Deutschland wieder auf die Beine zu bringen.

Von einer Tagestour zurückgekehrt, treten etwa fünf nicht mehr junge Leute, die heute wohl sämtlich angestellte Professoren in Deutschland sind, in sehr gehobener Stimmung, die Hüte mit Kränzen umwunden, geräuschvoll in eines der feineren römischen Restaurants ein. Sie teilen sich ihre Ansichten mit, streiten über dies und jenes, dazwischen den Kellnern ihre Befehle zurufend. Der Saal hallt wider von ihren lauten Stimmen. Um nicht gesehen zu werden, drücke ich mich in die Ecke. »Dovrebbero essere mezzo matti«, sagte ein Italiener leise zu mir.

Schreien, Trinken, Abmarkten, herrisches Wesen in fremden Lokalen hält der Italiener einfach für Mangel an Bildung.

Von kunst- und literaturbeflissenen Damen in unmöglichen Toiletten, die sich in geringe Speisehäuser und Restaurationen dritten Ranges verschlüpfen und zu drei mit einer Portion vorlieb nehmen, will ich nicht reden, für uns Künstler gibt es andere Gefahren.

Angeregt von einem klassischen »non soche«, erwacht zuweilen in dem Busen eines wohlhabenden Gutsherrn oder Fabrikanten das Bedürfnis, etwas für die Kunst zu tun. Ist das Individuum nach Rekommandation glücklich aufgefunden und etwa ein Monat unter Erkundigungen nach Charakter, Moralität und häuslichen Verhältnissen desselben hingeflossen, so ermannt sich der neue Kunstmäzen zur Tat. Er beschleicht einige Tage lang das Haus seines Opfers, um es von außen zu besehen; endlich am vierten oder fünften Tage wagt er sich hinein und findet darinnen einen einfachen, natürlichen, gebildeten Menschen. Er bestellt wirklich, weil er weiß, dass er sich dadurch einen Anteil an der Kunstgeschichte erwirbt und den Künstler zu ewiger Dankbarkeit verpflichtet.

Ein solcher Kunstliebhaber zeigte neulich eine Skizze von der Hand seines zwölfjährigen Töchterchens vor; einen Bauernhof mit zwei Schweinchen. »Ist da nicht Musik darinnen, reine Musik!« rief er entzückt.

»Beinahe hätte ich heute ein Bild gekauft«, hörte ich einen andern im Hotel sagen, »aber ich habe mich zu lange in den Katakomben aufgehalten.«

Eine andere Tonart schlug ein Gesandtschaftssekretär, Herr So und so, an. Er lud mich um 11 Uhr des Nachts zu Mondschein in das Kolosseum ein, um, wie er sich ausdrückte, die »Geister der alten Römer zu belauschen«.

Ich lehnte höflich ab, weil ich voraussah, dass sie schwerlich kommen würden.

Vermischtes

Lebensregeln

Gibt Dir jemand einen sogenannten guten Rat, so tue gerade das Gegenteil, und Du kannst sicher sein, dass es in neun von zehn Fällen das Richtige ist.

Wenn Dich einer auf die rechte Backe schlägt, so gib ihm dafür zwei auf die linke.

Die Mittelmäßigkeit wägt immer richtig, nur ihre Wage ist falsch.

Mit wem man nichts gemein hat, mit dem ist gut Frieden halten.

Es gibt Menschen, welche die Natur auf das Wörtchen »aber« eingerichtet hat; sie dienen dazu, Denk- und Tatkraft der andern zu lähmen.

Der Unverstand ist die unbesiegbarste Macht auf der Erde.

Taktlosigkeit ist der lästigste und widerwärtigste der menschlichen Fehler, denn Du kannst Dich nicht gegen sie verteidigen, nicht einmal durch Grobheit.

Wer nicht für mich ist, der ist wider mich, gilt für hochbegabte Menschen. Die gewöhnliche Vortrefflichkeit verträgt Stufen der Anerkennung.

Das Sprichwort sagt: Alter schützt vor Torheit nicht. Ich finde es ärgerlicher, wenn die Jugend nicht vor Weisheit schützt.

Die besten Lebensregeln sind übrigens immer diejenigen, die man an der eigenen Haut erfahren hat.

Hohe Häupter

Wer den Willen und die Macht hat, die Mittelmäßigkeit zu erheben, der hat sie auch, das wahre Talent zu schädigen.

Manche Fürsten sind nur unsterblich geworden durch die Talente, welchen sie zur Unsterblichkeit verholfen haben.

Wer für hohe Ideen lebt, muss vergessen, an sich selbst zu denken.

Der größte Staatsmann ist derjenige, welcher der humanste ist.

Kunst und Wissenschaft

Die eine sucht das Wesen in der Erscheinung, die andere die Erscheinung im Wesen. Die eine gestaltet, die andere zerlegt; sie sehen nach verschiedenen Richtungen und sprechen verschiedene Sprachen, und doch sollen sie der alten Dame Kultur zuliebe Arm in Arm wandeln bis an das Ende der Dinge.

Die Kunst übersetzt die göttliche Schöpfungskraft ins menschliche; die Wissenschaft reproduziert das Geschaffene im Geiste. Kann man sich eine größere Verschiedenheit der Aufgaben denken!

Künstlerrecht

Es gibt eine berühmte Stelle in Lessing, in welcher er aus der Hand der Gottheit das Streben nach dem Vollkommenen erbittet, weil die Vollkommenheit selbst doch nur ihr allein gehöre.

Ich meinerseits, ach, ich ersehne die Vollkommenheit nur – in Öl – und ich möchte darum bitten; denn des trockenen Strebens habe ich bereits übergenug.

Poetisches Taktgefühl

Schön empfinden und richtig denken ist eine Naturgabe, die wohl geübt, aber nicht erlernt werden kann. Nur der künstlerische Takt bewahrt vor Ausschreitungen.

Dichter und Künstler.

Es ist unter den modernen Dichtern Liebhaberei geworden, ihre Novellen- oder Romanhelden unter den bildenden Künstlern zu suchen. Nur schade, dass sie dabei samt ihren Helden zum Stümper werden. Wenn am Ende der Erzählung der berühmte Ateliervorhang von dem geheimnisvollen Bildwerk fällt, dann ist es gewöhnlich für den Künstler Zeit, das Buch fallen zu lassen, falls er es nicht schon früher getan hat.
Die Begriffsverwirrung zu klären, lohnt sich nicht.

Dramatisches

Dramatisch bearbeitete Epen sind mir von je gegen die Natur gewesen. Das große Epos ist für gehörige Entfernung auf Luftperspektive berechnet, auf langsames, ruhiges Vorüberschreiten in Distanz. Rücken die Gestalten aber so nahe wie auf der Bühne, so erscheinen sie entweder ungeheuerlich, oder sie schrumpfen zusammen und werden kleinlich. Beides unkünstlerisch.
Unkünstlerisch ist auch das Auspumpen und Auspressen der dramatischen Situationen bis auf den letzten Tropfen ohne Maß und ohne Erbarmen.
Ich hasse das moderne Theater, weil ich scharfe Augen habe und über Pappendeckel und Schminke nicht hinauskomme. Ich hasse den Dekorationsunfug mit allem, was dazugehört, vom Grund meiner Seele. Er verdirbt das Publikum, verscheucht den letzten Rest von Kunstgefühl und erzeugt den Barbarismus des Geschmacks, von dem die Kunst sich abwendet und den Staub von ihren Füßen schüttelt.

Das wahrhaftige Kunstwerk hat stets innerliche Kraft genug, um Situationen zu vergegenwärtigen, auch ohne unwürdige, der Kunst zuwiderlaufende Mittel. Es bedarf bescheidener Andeutungen, nicht aber sinnverwirrender Effekte.

Ich muss von diesen Dingen sprechen, denn sie greifen mir ans Herz.

Hätte ich meine Pietà, meine Iphigenie, mein Gastmahl schaffen können, wenn ich anders empfände?

Frauen

Die Kunst ist eine strenge göttliche Geliebte, sie steht der irdischen immer im Wege. Welches Weib begreift und duldet dies?

Es gibt wenige Frauen, welche fähig sind, den Mann um des Genius willen zu heben. Es ist die Person und der Erfolg, was sie begehren. Das große Ganze mit seiner Fülle an Kraft und Herzensgüte, ohne welche kein Genie denkbar ist, erkennen sie schwer; an kleinen Ecken und Mängeln scheitert das Verständnis, und wenn ein Knopf am Rocke fehlt, das übersehen sie nicht.

Zu einer Künstlerheirat gehört viel Liebe, viel Verstand, viel Geduld und sehr viel Geld. Kleinliche Sorgen sind der Tod des künstlerischen Schaffens.

Die gefährlichste Klippe im Leben des Künstlers ist die Heirat, am meisten eine sogenannte glückliche Heirat, wo man sich ineinander schickt und Neigung und Gewohnheit den leisen Druck der Fesseln vergessen machen, während dem Genius allmählich die Flügelfedern ausfallen, eine nach der andern, ohne dass er es merkt, bis er kahl dasteht.

Die alten großen Meister sind meistens ehelos geblieben. Nur Rubens hat es zweimal bezwungen; das war aber auch ein Held.

Hoch oben über dem kleinen Getriebe alltäglicher Sorgen ein wahrhaftiges Künstlerleben in Glanz, Ehre und Reichtum – und dies alles auf ein liebes, schönes Haupt niederlegen, das ließe ich mir gerne gefallen; sonst lieber allein den Flug zur Sonne wagen und mit verbrannten Flügeln in Nacht versinken, wenn es nicht anders sein soll.

Göttliche Hilfe

So viel ist freilich wahr: in den Fällen, wo ein rasches Eingreifen der Gottheit tausendfältiges Elend verhindern könnte, versteckt sie sich und ist nicht zu finden. Und wenn der Mensch nach unsagbaren Kämpfen sich selbst geholfen hat, dann sagen die Menschen: Das hat Gott getan. Das kommt von Gott.

Von der Gottheit nichts begehren als sie selber, würde wohl das Richtige sein.

Religion, in welcher Form sie auftritt, bleibt das ideale Bedürfnis der Menschheit. Deshalb ihre unauflösliche Verwandtschaft mit der Kunst.

Ich achte den Menschen höher, der ihrer im Glück bedarf, als denjenigen, der sich im Unglück von ihr trösten lässt.

Humor

Der Humor trägt die Seele über Abgründe hinweg und lehrt sie mit ihrem eigenen Leid spielen.

Er ist eine der wenigen Tröstungen, die dem Menschen treu bleiben bis an das Ende.

Der Humor schwebt über den Tiefen des Menschen, wie der Geist Gottes über den Wassern am Schöpfungsmorgen.

Wer Ohren hat zu hören, mag in seinem Wehen den Flügelschlag des schöpferischen Genius vernehmen.

www.ingramcontent.com/pod-product-compliance
Lightning Source LLC
Chambersburg PA
CBHW070248230526
45470CB00002B/523